F. W. Grimme

Schwänke und Gedichte in sauerländischer Mundart

F. W. Grimme

Schwänke und Gedichte in sauerländischer Mundart

ISBN/EAN: 9783743301559

Hergestellt in Europa, USA, Kanada, Australien, Japan

Cover: Foto ©Thomas Meinert / pixelio.de

Manufactured and distributed by brebook publishing software
(www.brebook.com)

F. W. Grimme

Schwänke und Gedichte in sauerländischer Mundart

Schwänke und Gedichte

in

sauerländischer Mundart.

Von

F. W. Grimme.

I. Sprickeln un Spöne.
II. Spargiken.

Zweite Auflage.

Mit einer Einleitung über die Eigenthümlichkeiten
des sauerländischen Dialectes.

Paderborn, 1861.

Druck und Verlag von Ferd. Schöningh.

Vorbemerkung.

Nachdem die erste Auflage der „Sprickeln un Spöne," sowie die der 2. Folge, der „Spargitzen", ungewöhnlich rasch vergriffen ist, so legen wir dem Publicum hiemit die 2. Auflage beider vereint vor und haben uns, um einem größern Leserkreise das Verständniß zu erleichtern, veranlaßt gefunden, etwas näher auf die Unterschiede des sauerländischen „Platt" und des Hochdeutschen einzugehen.

Der sauerländische Zweig der westfälischen Mundart, unterscheidet sich von den verwandten hauptsächlich durch die Fülle der Vokale und die geringere Ausscheidung der Consonanten, durch schärfere Deklination und Conjugation, durch richtigere Sonderung der Casus und durch einen Reichthum an alten Wortstämmen, die sich anderwärts, besonders auch im Hochdeutschen, nicht mehr vorfinden. In seinem innern Wesen liegt etwas Kräftiges, Resolutes, Naives; vorzugsweise für den Schwank geeignet, schließt er dabei doch die Darstellung des Weichen, Gemüthvollern, ja Wehmüthigen, gar nicht aus.

Ein weiteres Verbreiten über seinen Character erlaubt hier der Raum nicht; wir beschränken uns auf die Darlegung seiner sprachlichen Eigenthümlichkeiten.

I. Hinsichtlich der Lautverschiedenheiten Folgendes:

1. Die einfachen Vokale **a, e, i** und **u** stimmen, wenn sie kurz gesprochen werden, im Hoch- und Plattdeutschen meist überein, z. B. packen, kennen, Schild, Mutter. Doch wird in einigen Gegenden das kurze **a** vor **lt** und **ld**, auch vor **ll** (wenn dieses aus **lt** oder **ld** entstanden ist), in **o** verwandelt; z. B. kolt, olt, Wold, hollen, bolle (bald). Das kurze **o** des Hochd. wird bald **u**, bald **ua**, z. B. kummen, fruamm, (kommen, fromm).

Gedehnt gesprochen, geht das **a** des Hochd. meist über in **o**; z. B. prohlen (prahlen); **e** in **i, äi, iä**, z. B. Niwel, Kläi, Siägen (Nebel, Klee, Segen), selten in **ai**, z. B. Schnai, bai (Schnee, wer); **i** in **ai**, z. B. Braif, Daif (Brief, Dieb); **o** in **au** und **ua**, z. B. Kraune, luawen (Krone, loben); **u** in **au**, z. B. raupen (rufen). — **i** in der Endung **iren** in Fremdwörtern wird **äi**, z. B. prowäiern, spazäiern (probiren, spaziren); die Endung **ie** in Hauptwörtern wird **ey** oder **igge**, z. B. Kumpaney, Kumpanigge (Compagnie). — Ueber **e** ist noch zu merken, daß es, gleichviel ob gedehnt oder kurz, jene Veränderung in **iä** am liebsten zu Anfang eines Wortes annimmt; z. B. iäwen, iätten, Jäddelmann, (Järteeben, essen, Edelmann, Elster).

2. Die abgeleiteten und Doppelvokale erleiden folgende Veränderungen: **ö** geht meist über in **oi**, z. B. schoine (schön), seltener in **ü**, z. B. Künig, gewühnlik (König, gewöhnlich); **ü** in **ai** (richtiger **aü**) und **üä**, z. B. bedraiwet, Düähr, füär (betrübt, Thür, für und vor); auch wohl in **oi**, z. B. foiern (führen u. fahren), roiern (rühren). — Das **ä** des Hochd. bleibt meist, wird aber dunkler (dem **a** näher) ausgesprochen. — **au** wird **iu** (in einigen Gegenden eu), z. B. briusen, Kriut (brausen, Kraut); — **äu** in **oi**, (richtiger oü) und **ui**, z. B. droimen (droümen), Bruie, Bruime = träumen, Bräute, Bräutigam. — **ai** bleibt unverändert, z. B. Kaiser; — **ei** wird **ai**, **äi**, **ey**, z. B. raisen, Säil, Bley (reisen, Seil, Blei); — **eu** wird **ai** (richtiger **aü**) und **ui**, z. B. Fraibe, Fuier, buier, Schuier (auch verkürzt in Für, bür, Schüre) = Feuer, theuer, Scheune. — — **au** bleibt oft auch unverändert (doch in einigen Gegenden heller ausgesprochen, so daß man **ä u**, sogar fast **e u** hört) z. B. laupen, kaupen (laufen, kaufen). — Man merke noch, daß einige Doppel= oder durch **h** gedehnte Vokale verkürzt werden, dafür aber **gg** eingeschaltet wird; z. B. hoggen (hauen), buggen (bauen), schriggen (schreien), friggen (freien), fröggen (freuen), höggen (heuen, Heu ma= chen), dräggen (drehen), säggen (säen), glöggen (glü= hen); wie auch die Endung **ei** in Hauptwörtern in **igge** (ey) verwandelt wird, z. B. Prohlerigge (Prah= lerei).

Von allem Angeführten gibt es natürlich Aus=
nahmen; namentlich behält Manches, hiervon abwei=
chend, ganz die hochdeutsche Sprechart.

3. Die Consonanten wechseln vielfach, aber stets
nach den Regeln der Verwandtschaft; f wird p; pf
wird p; b wird w und f; t wird d; z wird t;
tz wird tt; z. B. Ape, peypen, Niwel, Weyf, daip,
Tunge, Katte (Affe, pfeifen, Nebel, Weib, tief, Zunge,
Katze). — ss und ß wird oft t, z. B, Kietel (Kessel),
Nieteln (Nesseln), reyten (reißen). sch wird sk, z. B.
Menske (Mensch), Fläisk (Fleisch). Letzteres Wort,
und einige andere, die mit sch endigen, werden oft
auch nur mit ß gesprochen, z. B. Fiß, Diß = Fisk,
Disk = Fisch, Tisch). In allen Fragewörtern, die
im Hochdeutschen mit w anfangen, hat das sauerl.
Platt ein b, z. B. bai (wer), bat (was), bo (wo),
bannehr (wann), biämme, biänne (wem, wen), bilke
(welche), brümme (warum). — Das hochdeutsche tt
wird dd, und dieses noch dazu meistens wie rr ge=
sprochen; z. B. Bebbe, Berre (Bett); ik habbe, (oder)
ik harr' (ich hatte). Ebenso, wenn dat (daß) und
bat (was) vor einem Worte steht, das mit einem
Vokal beginnt, so hört man meist rr, z. B. darr ik
(daß ich); barr ik seggen woll (was ich sagen wollte).
— d hinter l und n wird oft dem l und n assi=
milirt, z. B. gedüllig (geduldig), Güllen (Gulden),
Kinner (Kinder), funnen (gefunden); doch in ein=
zelnen Gegenden bleibt nd, auch wird ng gehört,
z. B. imme Lande, fingen (finden). — Das hoch=

deutsche **ng** (z. B. Schlange, schlingen) bleibt im Plattd., läßt aber das **g** nicht so deutlich hören. — **chs** wird oft **ff** (**ß**), z. B. Osse, Büsse, Waß (Ochs, Büchse, Wachs). — **r** wird nach **f**, **d**, **t** im Anfange eines Wortes zuweilen ausgestoßen, z. B. Fuask (Frosch), diäsken (dreschen), Dtäspen (Trespe). — **g** in der Mitte fällt zuweilen aus, z. B. schlohn (schlagen), ebenso **t**, z. B. reyen (reiten). —

Was das Lesen betrifft, so muß man sich beson= ders zu gewöhnen suchen an die im Hochd. nicht vorkommenden Doppelvokale **ua**, **ui**, **iu**, **oi**, **äi**, **iä**, **üä**, **oü**, **ey**, und merken, auf welchem der beiden Buchstaben der Ton liegt, was wir hier durch Accente andeuten: **ua͡ʹ**, **uʹi**, **iʹu**, **oʹi**, **äʹi**, **iä͡**, **üä͡ʹ oʹü**, **eʹy** z. B. fluaʹggen, Tuʹig, Hiʹus, wäʹik, Siäʹgen, Düäʹhr, broʹimen (broʹümen), kreʹygen = geflogen, Zeug, Haus, weich, Segen, Thür, träumen, kriegen. In **eʹy** muß sowohl **e** als **i** deutlich gehört, aber beide Buchstaben doch scharf als Eine Silbe gesprochen werden; die Schreibart **ey** ist gewählt worden, weil das hochdeutsche **ei** hierorts nahezu wie **ai** ausge= sprochen wird. — —

II. Hinsichtlich der Wortformenlehre:

In der Deklination geht **f** in **w** über, z. B. dat Leyf, des Leywes — Daif, des Daiwes. — **th** wirft zuweilen das **t** aus, z. B. Roth (Rath), des Rohes. — Der Plural hat meist die nämlichen Endungen, wie das Hochdeutsche; nimmt er aber keine neue Endsilbe an, so hängt er dafür gewöhnlich **s**

an, z. B. Fenster, Plur. Fensters; Miäcken (Mäd=
chen), Plur. Miäckens. — Die häufigsten Umlaute
im Plural und in der Verkleinerungs=Form sind
folgende: u in ü, ua in üä, au in aü (meist heller,
ai, gesprochen, darum auch so geschrieben), auch in
oi; a in ä, o in ö; unregelmäßiger ist die häufige
Verwandlung von lang a in iä (oft mit Verdoppe=
lung des Consonanten). Beispiele: Bugel, Bügel;
Kuarf (Korb) Küärwe; Bauk, Baüker (Baiker) =
Buch; Faut (Fuß), Faitken; Jaust (Jost), Joistken;
Kauert (Kurt, Conrad), Koierken; Hand, Hänne;
Flocke, Flöcksken; — Tahn (Zahn), Tiänne; Fahm
(Faden), Fiämme, Fiämmeken; Glas, Gliäser, Gliäs=
ken. — Kommt die Verkleinerungssilbe ken hinter
k zu stehen, so wird entweder el oder s eingeschoben,
z. B. Bauk (Buch), Baikelken, Baiksken; Miäcken,
Miäckelken, Miäcksken.

Der Artikel ist bald schwächer (z. B. de Mann,
des Mannes, dem M., den M.; be Frugge (Frau),
der Frugge; det Kind (auch mit Weglassung des d:
et Kind, et Horen), des Kindes — bald stärker,
dem Pronomen demonstr. näher stehend, bai
Mann, diäß Mannes, biäm, biän; bai Frugge, biär
Fr.; bat (dät) Kind, diäß, biäm — sowie auch ei=
nige kleine Partikeln starke und schwache Form haben,
z. B. auk und ok = auch; joh, jo, jä = ja.

Die Präposition wird mit dem Artikel noch
viel öfter, als im Hochd., zusammengezogen; z. B.
vam, vamme = von dem; nom, nome = nach dem;

nor = nó ber; non = no ben; iuter Schaule =
auß ber Schule; inter, rinter Schaule (für: in be
Schule); inner Schaule (in ber Sch.); fuär'm Hiuse
(vor bem Hause).

Das Fürwort büse (bieser) hat, außer ben
regelmäßigen, noch syncopirte Formen: büß (büses)
Mannes, büm (büsem) Manne, bün (büsen) Mann;
bür (büser) Männer, bün (büsen) Männern; —
bür (büser) Frugge; bür, bün (büser, büsen) Frug=
gens — bas Neutrum im Nominat. Singular immer
büt, z. B. büt Kinb (bieses Kinb). — — 'me,
'ne sinb Verkürzungen auß iämme (ihm), iänne
(ihn, ihnen), aber auch auß einem, einen; wo=
gegen me = man ist. — Der Dativ bes Reflexi=
vums lautet balb sik, balb sey, (bem mey unb bey
entsprechenb). — Für meynem, beynem sagt man
auch meyme, beyme, z. B. meyme Vattern=meinem
Vater. — Der Dativ mey, bey, unb ber Accusativ
mik, bik werben, wenigstens im obern Theile bes
Sauerlanbes, stets regelmäßig auß einanber gehalten,
währenb im Münsterlanbe mi unb bi als Dativ
unb Accusativ zugleich bienen muß. — Das hochb.
bu wirb balb lang (biu), balb kurz (be) gespro=
chen, letzteres aber nur hinter Conjunctionen; unb
in ber Frage wirb meist nur e angehängt; z. B.
biu kümmest; wann be kümmest; kümmeste? — hai
(er) wirb in ber Fragestellung u. nach Conjunctionen
meist in e verkürzt, sai in se; z. B. kümmete?
(kommt er?), harre? (hatte er?), wanne (wenn er),

ase (als er) = ase hai, hatte (daß er); hiät se?
(hat sie?), het se? (haben sie?), wann se (wenn sie). —

Die Conjugation der Zeitwörter anlangend, so
hat das Mittelwort (Participium), wenn es mit
haben, seyn und werden verbunden ist, kein
Augment (d. h. die Vorsilbe ge); in den übrigen
Fällen, besonders wenn es Adjectiv geworden, behält
es das Augment; z. B. de Bugel hiät sungen, wert
fangen, is fangen; metgefangen, metgehangen; ge=
stuallen Gutt bigget nit. — Statt der regelmäßigen
Endung de im Imperfectum hört man meistens re,
z. B. ik klagere (ich klagte), für: ik klagede — diu
klagerest, hai klagere, vey (ey, sai) klagern. — Bei
der starken Conjugation des Imperfects findet
sehr oft in der 2. Person Singularis und im gan=
zen Pluralis ein Umlaut Statt, so daß die Form
wie ein Conjunctiv lautet, z. B. ik kam, diu kemest,
hai kam, vey (ey, sai) kemen; ik gloffte (glaubte),
diu glöfftest; ik saggte, diu säggtest. Doch sagt
man in einigen Gegenden auch regelmäßig: ik kam,
diu kamest, vey kamen u. s. w. — Im Präsens
Indicativi findet zuweilen — von der 2. Person
im Singular an, eine Syncope (Ausstoßung)
Statt; z. B. ik blewwe, diu blifst, hai blitt, vey (ey,
sai) blitt; ik giewe (gebe), diu gift, hai gitt, vey
(ey, sai) giätt; ik hewwe (habe), diu hiäst, hai hiät,
vey hett; ik krenge, diu krift, vey kritt; ik reye
(reite), diu rist. —

Die Umlautungen der sogen. unregelmäßigen

Conjugation möge man aus folgenden Beispielen
ersehen:

Infinitiv. — Imperfect. — Particip. — Imperativ.

hallen	— helt	— hallen	— halt	= halten.
brengen	— brachte	— bracht	— brenk	= bringen
giewen	— gaffte	— gafft	— gief	= geben.
gohn	— genk	— gohn	— goh	= gehen
kummen	— kam	— kummen	— kumm	= kommen.
kaupen	— koffte	— kofft	— kaup	= kaufen.
flaigen	— flaug	— fluaggen	— ffluig	= fliegen.
(baien	— baut	— buahn	— buit	= bieten).
laien	— lette	— lett	— lait	= leiten.
bleywen	— bläif	— bliewen	— bleyf	= bleiben.
niämmen	— nahm	— nuammen	— niem	= nehmen.
gloiwen	— gloffte	— glofft	— gloif	= glauben.
(roiern	— rorrte	— rorrt	— roiere	= rühren).
brücken	— bruchte	— brucht	— brück	= brücken.
plücken	— pluchte	— plucht	— plück	= pflücken.

Flaiten in der Bedeutung fließen hat: flaut, fluat-
ten, fluit — in der Bedeutung flöten: flotte, flott,
flait. — Das Imperf. von mötten, maiten
(müssen) hat unregelmäßig: ik mochte, was zugleich
Imperf. zu mügen (mögen) ist. — — Die 2. Pers.
Sing. im Präs. Indic. lautet bei den aufgeführten
Zeitwörtern: biu hälleft, brengest, gift, gäist, kümmest,
koipest, fluigest, büst, left, blift (bleywest), niemest,
gloiwest, roierst (rörrst), brückest, plückest, flüst
(= du fließest), flöst (= du flötest), most (mast).

III. In syntactischer Hinsicht ist die Eigenthümlichkeit

zu merken, daß der Nominativ eines Masculi=
nums, mit dem Artikel ein verbunden, immer die
Form des Accusativs hat; z. B. ennen (ober: 'ne)
gurren Frönd is Geld werth; hai is 'ne gurren
Mensken. — Sodann die häufige Abtrennung der
Präposition; z. B. hai woll bo (ober: ber) gar
nix van wieten = er wollte gar nichts davon
wissen; ik sin ber nit bey wiäst = ich bin nicht ba=
bei gewesen. Da das sauerländische Platt bisher in
Schriftsprache noch nicht eingeführt war, so ist selbst=
redend der Periodenbau noch nicht so entwickelt
und bequem, als im Hochd.; namentlich meidet man,
wo es nur eben thunlich ist, Relativ= und Conjunc=
tionalsätze und macht Hauptsätze daraus, erstere mit
Demonstrativen, letztere mit entsprechenden Adverbien;
mehren Conjunctionen fügt man überdies noch gern
bat (baß) bei, z. B. weylen ober weylank bat
= weil; biuwuall bat = wiewohl; inbiäm
bat = indem u. s. w. — —

Schlußbemerkung. In den verschiedenen
Gegenden des Sauerlandes variirt die Aussprache, na=
mentlich der Diphthongen, auf vielfache Weise, und zwar
meistens nach den einzelnen Kirchspielen. Um daher keine
Verwirrung in die Sache zu bringen, so ist in vorlie=
genbem Buche, mit sehr wenigen Ausnahmen, ganz spe=
ciell die Aussprache, wie sie im obern Ruhrthale (dem
sogen. Strunzerthale) herrschend ist, festgehalten worden.

Wörter und Beziehungen, die nicht für allgemein ver=
ständlich gehalten wurden, finden sich im Anhange erklärt.

Inhalt.

Erster Theil.

Zweiter Theil.

Erster Theil.

Sprickeln un Spöne.

Luafgesank oppet Strunzerdal.

Bat aller Ehr' un Luawes vull,
Diäß Ehre well if mehren —
If luawe mey meyn Strunzerdal,
Dai Kraun' op Guabbes Eeren.

Saih' ey be Ruhr, bai graine Ruhr
Bam Biärge runner springen,
Wual in be Grund, bai freye Grund¹),
Met Riußken un met Klingen?

Saih' ey bai Biärg' op baiber Seyt
Bit in be Wolfen räifen,
In iärem grainen Sumerstoot,
Met himelhaugen Aifen?

Saih' ey bai schwarten Leggen nit,
Allbo be Schiuwiut²) nestet?
Dián haugen Thraun, bo sif allteyt
De Himel oppe restet?

1

Un latt ug op der Höchte nit
De Kaulebuarn³) taum Drunke?
Hör' ey nit reyßen Sprink an Sprink
Bey jedem Stäm un Strunke?

Un hör' ey no dem Springe nit
Den Räihbock runner anken?
Den Räihbock, biäm des Jäggers Bley
Is schlagen in de Flanken?

Hey briännt de Büssen üvverall
Op Hiärteböck' un Räihe,
Un lustig knaller't op der Palz
Des Muargens halwer twäie.

Un biäm de Biärge sint te haug',
Sall seyne Fraide sinnen
Wual in der grainen Wiesegrund,
Wual unner kailen Linnen.

Do riußer't van der Wiesenschlacht⁴) —
De Ruhr bai blenket helle,
Un büär bet klore Water schütt
De schlanke, blanke Frälle⁵).

Dotäu bo schällert allerseyts
En Singen un Gekrooßel⁶) —
Wual iut dem Busk de Nachtegall,
Wual iut der Schlucht de Drooßel.

Un frauhe Luie stemmet inn
Taum grainen Vugelsange;
Se grüißet ug met Sauk un Klauk
Op jedem Patt un Gauge.

Sai bai't ug fröntlik DageSteyt,
Un giew' ey ug ter Kunde,
Dann saihl' ey wuall un häimist ug
Foort in der äisten Stunde.

Gleyk sin ey Frönt un Zächkumpier
Beym lustigen Geloge;
Un mait' ey endlik södder gohn,
Det Schäien gäit ug noge.

Mey selwer sint te Stroten niu
Ganz anders füärgeschriewen:
Doch allteyt is meyn Hiärt' un Sinn
Im Strunzerdal verbliewen.

Un bo if goh', un bo if stoh',
Well if seyn' Ehr' vermehren:
If luawe mey meyn Strunzerdal,
Düt Himelreyk op Eeren.

Schelmenlaid oppet Strunzerdal.

Niu faih' it wual, dat ey be Steerne runzet,
Un segget, it häbbe gewaltig ftrunzet[1] —
Nu joh, nu gutt! bai kann wat bergizzen?
Datt heww' it van Häime fo medbekriegen;
Un bat me van Häim' un innen Blooren[2] tritt,
Dat weert me feyner Lebstage nit quitt.
Un frizt van ber Liäwer te ftrunzen un prohlen,
Is ümmer nau biätter, afe foilen un broolen[3].
Un wann ey us Alles nit gloiwen wellt,
Ey tonner't fo maten, biu 't ug gefällt.
Nit wohr? wann be Jägger tem Beften giet,
Hai breepe fäß Hafen in äinem Schüt,
Dat tamme fo hören gebüllig an,
Un niemet fit bann bet Seyne berban.
Un miärtet ug bat: vey betenner't frey,
Dat Strunzen bey us in der Maube fey;
Un iut bem Strunzerbal hiärteftammen,
Dat hevve us ümmer taur Ehre nuammen.
De Breylsten[4] bai gäfften nau biufend Dutoten,
Wöll'n vey fai met in be Reyge loten.
Näi, gatt mey boch met biän Breylsten berbenne —
It well ug ganz anbere Keerels nennen.
Im ganzen buitsten Vatterland,
Do is be Meskeber Wind betannt;
In Meskebe wägget fau scharpen Wind,

Dat be Kappen oppem Koppe nit sieker sint;
Un söll et jebesmol Riänen⁵) giewen,
Wann sik be Meskeber Winb erhiewet,
Dann könn sik be ganze Welt verkriupen,
Dann möchten nau Ratten un Muise versiupen.
Den Meskebern konn vey't nit awespriäcken:
Bey mottet sai tau bem Strunzerbal riäcken.
De Belmeber maket auk bloen Dunst,
Awer met enner ganz anbern Kunst:
Do rauket un maket se „Krülltaback"
Van saitem Gerük un feynem Geschmack;
It begreype nit, biu se 'ne ferrig stellt
Füär brüttain Pännige pruißisk Gelb.
Van ben Nuttlarsken wäit ik nit viel te vermellen,
Bey mottet sai awer bey't Strunzerbal tellen.
Dann awer is Bigge, bat klaine Berleyn,
Dat bröffte wual Strunzer=Häime seyn.
Doch säggt' ik van biän be ganze Geschichte,
It gloiwe, se priustern mey rintem Gesichte;
Do lätt sik apart en Lai'ken van singen,
Dat soll ey bann auk in büm Baiksken finnen.
De Aulwersken⁶) hört no Bigge ter Kiärken,
Dorümm' is van iänne en Gleykes te miärken.
Biu maker't be Asker?⁷) — 'ne krittlige Froge!
Do kumm' ik jo lichte mey selwer te noge;
Doch wann ik mey selwer ok schrögg'le⁸) be Hoor',
It well boch bekennen oprichtig un wohr.
De Asker hett kainen Kiärkenthauern,
Doch bloset sai ümmer vam haugen Thauern;

Wann be Asker Jungens nau liätt in der Waigen,
Dann konnt sai all strunzen, flunkern un laigen,
Un kritt sai bet äiste Paar Stieweln an,
Dann konnt se't ase Goliath, dai graute Mann.
Un bai ment hey in büt Baiksken kucket,
Weert seggen: „se laiget ase gedrucket."
Niu kem' if wual an dai Weymerker⁹) Heeren,
Do wäit if 'ne Sprük van, diän hört se nit geeren;
Drüm' well if ok gleyk meyner Wiäge gohn,
Un bleywe nit eger, bit Niestfelle¹⁰), stohn.
Dai brägget un brägget an jedem Woort,
Un bat se ments segget, dat lutt verkohrt;
Un sieker, in saume verkohrten Spriäcken,
Da kann kain Fitzken Wohrhait stiäcken.
Sai daut bet Strunzerdal würdig beschliuten,
Un alles Andere bleywet derbiuten¹¹).
Tem haugen Winterbiärg well't nit ropp,
Do hört jo ok alle Herrlikait opp;
Un iäwensau bai Miewcker Wisker¹²),
Dai lote vey auk nit mehr dertüsker. —
    Niu, laiwe Luie! niu wiete Beschäid,
Biu weyt dat Prachen und Strunzen gäit;
Niu stemmet ok inn met froihlichem Schall:
„Et läwe bat schoine Strunzerdal!"

Odam.

Et lutt lügenhaft, et is awer wohr: Odam van Affinkhufen un feyn Kumpier, de fchwarte Schau=ster, fpielten an brai Ennen tegleyke den Fastoowend.

Äinsmols kemen de jungen Burßen van Wull=merkhufen: „Odam! batt giewe vey ug, wann ey us bai brai Dage Mufeyk maket?“ — „„Twäi gemaine Daler un frey Gebränke!““ — „Gutt! et fall en Woort feyn!“

Kium wören fai wiäg, bo kemen Afgefandte van der Elpe. Antwort: „Twäi Berleyner Daler un freyen Zäch!“ — „„Gutt! ingefchlagen!““

Dat durte nit fau lange, as ik hey dervan küre, bo kam ene Deputagiaune van der Balme. Antwort: „Twäi Kraunbaler, un des Middbages Trachtemänte met Surmaus un ene halwen Sugekopp! Dat ey us natt hallet, verftäit fik van felwer.“ — „„Gutt! vey verlotet us dropp.““

De Fastoowend kam. Afe de Haumiffe iut was, bo haalte Odam de Bigleyne van der Wand un räif de Streyke met Kalfunnige, de fchwarte Schaufter nahm be alle Rauthenne, den Baß, oppen Puckel, fai latten fik bey Bernbeyne den halwen Oort[1] füllen, gäfften fik oppen Patt, blafen unnerwiägens mol op iärem Schoppen un durtelben Faitken füär Faitken bit no Wull=merkhufen in Schlächters Stuawe. Sai böen en paar Striefe, bo woorte ganz Wullmerkhusen wieplig, un nit lange, bo wören Männer un Burßen, Fruggens, Juffern un Schüätters[2]) te Gange un sprüngen, bat giefte bat hiäfte. Odam raip jauenthant[3]) bestüsker: „Heißa Fastoowend! Kinner, lustig!" un afe Alles duister van Melm was, bo stotte hai seynex Kumpier met dem Faute an, bai stak den vullen Schoppen in be Holster, fai strieken ümmer sachter, ümmer sachter, ant leßte ganz pigane, un — haibi! sprüngen se tem uappenem Fenster riut un gengen kilohrum[4]) no der Elpe. —

Odam raip inter Düär rin: „Heißa! die Musikanten sind da! Kinners! int Geschirr! ik sin düär Wullmerkhusen kummen, bo was be Fastoowend all vüllig imme Gange!' Niu woorte strieken no der Schwierigkait; be Burßen kemen in iärem Sunbags=Nummedagskierel, be Miäckens habben sik oppkraffet oppet allerfeynste, fe sprüngen iäre Mälste un Beste, Schotts, Hackenschotts, Berleynsk un Minnewäi, imme Takte un butter dem Takte. Un afe me füär Springen un Juchen seyn äigen Woort nit mehr hoorte, wielweniger be Museyk, bo gaffte Odam dem Schauster en Auge, un — Abjüs Elpe! bai Balden sprüngen tem Fenster riut un kemen no der Valme, afe be Köster lutte.

„Kinners! niu hallet ug dran!" raip Odam; et is mey watt late wooren; ik sin düär Wullmerkhusen un Elpe kummen, bo banzeben se all, bat be Kierels dampeden." — Do genk et awer, hiäste mik nit gesain, be Bäine geschlagen, be Kierels gefluagen, be Schnuffbaiker geschwenket, un manneger Drüttainer woorte klain

schlagen; denn be Auländer⁵) Buren hett watt inte=
brocken. Füär be Musikanten woorte gehörig suarget,
dat se nit te droige imme Munde woorten, un bes Mib=
bages kriegen sai iäre richtigen Trachtemänten. Dinstag
Owend ümme tain Uhr kloppede be Schauster met ber
Streyke oppen Baß, un Obam raip: „Kinners! lotet
us boch nit ganz in be Faste rin spittakeln!" Sai
strieken iäre twäi Kraunbalers in, wiskeben sik ben Munb
un gengen terügge no ber Elpe. Do was nau Alles
te Gange, un kain Menske habbe miärket, bat be Mu=
sikantenbisk lieg was; bai Baiben schlieken sik häimlik
rin, spielten äis ganz sachte, bann ümmer häbber, ant
Leßte nau en paar büstege Strieke — bo was et iute, un
Obam raip: „Kinners! vey mottet Fierowend maken,
be Quinte is mey buasten, un be Faste is anegohn!"
Met iären twäi Berleyners in ber Taske gengen sai no
Wullmerkhusen. Se hoorten all van seer, batt bo te
baun was; be Wullmerker häbben banzet bit Austern,
awer bai Baiben wören wier hinner ben Disk kruappen,
sengen ganz sachte an te streyken un stemmeben bann
iut Leyweskräften ben Häimebreywer an; bann stäig
Obam op be Bank un raip: „Kinners, Kinners! et is
us Askermibbewiäken woren, ohne bat vey et in Achte
nuammen hett! hört oppe, un versünbiget ug nit! giät
us bai twäi gemaine Daler, bai vey ehrlik verbaint het,
un bann got met no Assinkhusen un haalt ug be Aske!" —

Obam. Nr. 2.

Obam harr biär Luilinge[1]) nau mehr unner der Müste. In der schlackergen Teyt, van Hilgendraikünige bit Lechtmisse, was hai gewühnlik krünklich un dümpest op der Buast — me hett dat gizunders de Grippe — un ase hai all bey Johren was, do peck et iäne altens scharp an; hai haustede un kröchede, dat seyner Aiwe[2]) bange woorte; un sai kuackede 'me Flierenthäi un kräig 'ne in be Lakens un lait 'ne schwäiten, dat et dampede. Dat halp awer alles nit; en ganz ander Mibbelken, dat boh viel biättere Denste. „Franz! bannehr heffe Fast= oowend?" — „„Vaar! tin Sunbag in acht Tagen."" — „Sau? sin vey all sau weyt in der Teyt?" — Un suih! van Stund 'an woorte iäme biätter." „No, Obam? biu is et?" — „„Et is mey watt lichter op der Buast."" Den andern Dag hett' et: „De Hauste lüäset sik;" den folgenden Dag: „Ik gerohe nau mol;" den väierden Dag: „de Peype schmecket wier;" den seyften: „Aiwe, bleyf mey met dem Flierenthäi wiäg;" den säßten: „wellt be Jungens auk watt maken op Fastoowend?" den siwenden: „hett se all 'ne Danzescheyn? bat hiät Bern= beyne füär Museyk bestallt? den Plugge ober de Brau= ler?" — Un wann bann lüttke Fastoowend was, bann wogebe sik Obam mol wier op den Holtplaß un boh, ase wann hai Braken höggte. Den Freybag machte hai seyn Fastoowendspeypken innen Stand; den Sunnoo=

wend hett' et: „Vergiet men de Schauh nit te schmären,
Aiwe! se sollt wual hart wooren seyn!" — „„Awer,
Odam! diu west doch wual nit nom Fastoowende gohn?
diu bist jo krank!"" — „Et fehlt men nix mehr! dat
kannste doch wual hören! ik hauste jo doch nit mehr!
Ik mott doch mol tausaihn, of de Fastoowend nau
liäwet, of de Jungens iäre Saken örntlik maket." Un
Fastoowendssundag, do aat hai ments half satt, schmäit
de Gowel dohenne, haalte sik en Küälleken op de Peype,
den Krückenstock in de Hand, un machte sik ümme de
Ecke, un Aiwe konn hinner 'me rinn sathn. Imme
Wäiertshiuse raip 'me alles entgiegen: „Jömmer Odam!
van den Dodten auferstanden?" — „„Gewiß, Jungens!
gewiß! bai kann dann op Fastoowend krank seyn? gub=
den Dag, Kasper! Tag, Michel! Tag Hännes! Tag
Kunrod!"" un sau der Reyge noh, un dat was 'ne
Willkumm, ase wann de laiwe Heer vamme Himel kum=
men wör. „Kinner! is de Vesper nau nit iute?" —
„„Sau gelenk, Odam! se sint ame Magnifikat."" —
„No, Plugge, dann fank an te streyken! wann dann de
Luie vamme Kiärkhuawe runner kummet, dann hört se
glenk, batter te daune is!" — Ase niu de Baß un de
Vigleyne genk, dat was de leßte Medezeyn füär Odam;
joh, bo dachte hai mehr an Krankseyn? hai stont mibben
imme Kringe, den halwen Oort in der Hand, drank un
fank un jiuchede, helt de Fastoowendespriäcke un machte
seyne Spargitzen, un Aiwe kräig 'ne nit te saihn bit
Askermibbewiäcken. —

Sau genk et jedes Johr. En paarmol was hai

ümme Lechtmiſſe ſau krant, bat Aiwe ſöchtebe: „O Heer!
büttmol gäit hai uß bropp!“ Doch iäre Schweygerſuhn
troiſtebe ſai met den Woorben: „Mömme, nit bange!
wann Faſtoowenb int Lant kümmet, iß uſe Baar wier
geſunb; Faſtoowenb, bann gäit uſe Baar iut ben Wiäcken.“
Un et brap jebeßmol in. - ~

<hr/>

De Heer un ſeyn Knecht.

<hr/>

Kauert [1]) waß be Heer, unb Koierken [2]) waß be
Knecht. Kauert kummanbäierbe nit viel, un Koierken
paräierbe nit viel; benn ſai machten te viel Kumpanigge
beym Schnapßglaſe, un be Schnapß, bat wiet ey alle,
mäket Heer un Knecht gleyk. Deß Owens habben ſai
gewühnlik baibe be Kraune vull, un buſelben bann ſau
ſchlackerbäinig op iäre Schlopkabuißken, bat ſik be Aine
üwer ben Anbern ſchüppebe. An ber äinen Wanb habbe
Kauert ſeyn Külter [3]), un an ber anbern Koierken. Niu
krawwelben ſai ſik äineß Owens auk mol imme ſchoinſten
Schrüf [4]) in iäre Bebbe un fengen an te ſchnuarken,
aſe wann be Sagemühle genge. Uemmen Teyt raip
Kauert: „Koierken!“ — „„Heer! battann?““ — „Koierken! mey bücht, et trekket op ber Kamer.“ — „„Heer!
bat bücht mey auk;““ un ſai ſchlaipen wibber.
Nit lange, bo raip Kauert: „Koierken!“ — „„Heer!

battann?"" — „Koierken! mey bücht, bat Fenster stäit
uappen." — „„Heer! et bücht mey auk!"" Koierken
bläif leggen, un sai schlaipen wibber.

Nit lange bernoh, bo hett' et wier: „Koierken!" —
„„Heer, battann?"" — „Koierken! mey bücht', et wör
wual gutt, wann bat Fenster tau wör." — „„Heer!
et bücht mey auk."" Koierken awer bläif ruhig leggen
un rüppelbe un roierbe sik nit; un sai schlaipen wibber.

Enblik raip Kauert: „Koierken! mak bat Fenster
tau!" Füär saume Kommanbo kräig Koierken den Froch=
ten, sochte seyne Bäine iut dem Strauh, stont op un
machte bat Fenster tau. Hai krawwelbe an der Wand
rümme un kraup wier in't Bebbe; of hai in't richtige
kam, wäit ik nit; un sai schnuarkeben wier no Rauten.

Awwer nit lange, bo fenk Kauert ganz angesthaft
au te raupen: „Koierken, Koierken! — „„Heer, o Heer!
battann?"" — „Koierken! et liet en Keerel in meyme
Bebbe!" — „„Heer! in bem meynen auk!"" — „Ik
schmeyte ben meynen beriut!" — „„Un ik ben meynen
auk!"" — Un jeber fenk au, sik met seyme Keerel te
frasseln, un bat gaffte en Sparteln imme Bebbe, bat be
Lakens rieten un bet Strauh rümme flaug. Op ätmol
gafft' et 'ne Knall, bat be Bühn[5]) biusebe, un Kauert
raip: „Oh! Koierken! — oh! Koierken!" — „„Heer!
o Heer! bat is?"" — „Oh! Koierken! meyn Keerel hiät
mik iut dem Bebbe schmieten!" — „„Heer! un ik hewwe
ber ben meynen riuter schmieten.""

Ase be Sunne all hauge stont un be Ziegenhäiere
blais, bo kam be Klainknecht op be Kamer un woll ben

Heeren wecken, un verwünderde sik in den Daut, dat
Kauert fü är dem Bedde laggte, un Koierken derinne,
un dat det andere Bedde lieg was; un dai baiden riewen
sik be Augen un be Blesse, un verwünderden sik auk,
un konnen gar nit begreypen, biu dat taugohn was.
It gloiwe awer, bai men andächtig tauhoort hiät, dai
kann't sik an den seyf Fingern aftellen.

Schausternuppen.

Schausterhännes was 'ne rechten Twiäßbraken
un habbe se fiustedicke echter den Ohren. Hei aarbede
äinsmol bey usem Nower un süggelde un kloppede; do
kam Mausken un frogede no Hittkesfellen. Mausken
kürte geeren, un stont un stont, un helt dem Schauster
det Woort, un soh 'me neype¹) op de Finger. Dat
was dem Schauster balle läid; hai dachte: „wachte!“ un
op äimol taug hai den Droht lenger, ase noidig was,
un gaffte dem Mausken enen gehörigen Ruff met dem
Ellebuagen in de Riwwen. „Mester, hinnere if ju?“
— „„Näi, Mausken, bleyf mer stille stohn!““ — Da
Diskurs genk widder, un de Schauster aarbede ganz
erensthaft drop luaß. Uewer en wennig kriwwelde et
den Schauster wier in den Fingern, hai taug un taug
amme Drohe, un op äimol habbe Mausken wier ennen

in der Seyt sitten, bai was nit van Strauß. „Mester,
ik hinnere ju, ik well berbenne gohn." — „„Nä, Maus=
ken! süs säggte ik et bey; biu hinnerst mik gar nit;
bleyf mer stille stohn!"" — De Schauster machte en
ganz unschüllig Gesichte, taug den Droht naumol büär
ben Piäck un süggelde wibber, un Mausken bläif amme
broolen. Awwer, ehr hai 't sik versoh, kräig hai ennen
in be Seyt, dat de Riwwen knappeden un be Augen
sik verbräggeden; hai machte sik iut der Wiäge un käit
sik schaif ümme: „Mester! ik mag ju hinnern ober nit,
ik goh berbenne."

<hr />

En Stüksken van Hammichel.

De Magister met seynem Sune Wilhelm genk imme
Goren spazäieren, un seyn Peypken schmachte 'me gutt.
Do kam Hammichel buawer bem Tiune büär be
Twiete[1]) ropper, un be Magister raip 'me tau: „Muar=
gen, Hammichel!" un Hammichel amfede[2]): „Muargen,
Heer Magister!" De Magister, bai geeren un ok nit
geeren fruiset (biu m'et niemet), raip föbber: „Ham=
michel! et is kalt van Muargen!" Un Hammichel am=
fede: „Wual, wual, Heer Magister! et is helleßk kalt
van Muargen; et is örntlik fräit; me könn be Hansken

verbriägen," un räip fi? de Hänne, afe wann't imme
Harremonb³) wör.

Un Hammichel genk wibber; un afe buar Nowers
Stalle was, bo raip 'me Franz, bai be Kögge infpan=
nebe, tau: „Muargen, Hammichel!" — „„Muargen,
Franz!"" — „No, Hammichel, föll't wual en Plaigen
giewen? et is fchoin Wiär van Dage!" — „„Joh,
Franz! bo hiäfte Recht! et hiät fi? en Bitken oppeflört!
et is ganz nette van Dage.""

Un Hammichel genk wibber. Unner Nowers Hiufe
was Selmes⁴), bai Mensfe hoggte Braken un plogebe
fi? förchterlich. Hai habbe den Dis?urs hoort, un weyl
'ne be Schelm ftaf, bo raipe: „Muargen Hammichel!
Hammichel, bat is et häit! fau häit is et ben ganzen
Sumer nau nit wiäft." Un Hammichel amfebe: „Joh,
Selmes, bo hiäfte Recht! et is griufam waarme! me
föll fau ben Kierel iuttrecken;" un hai nahm be Kappe
af un wis?ebe fi? üwer be Steerne, afe wan't 'me, Guatt
wäit, biu waarme wör. — Afe hai wiäg was, fenf Sel=
mes harre an te lachen, un bai Baiben imme Goren
lacheben all lengeft; un Selmes raip bem Wilhelm tau:
„No, Paa?⁵) bai Mensfe kann büär be Welt kummen!"
Wilhelm fachte: „Un hai blitt boch ümmer be alle Ham=
michel; et is mey 'ne Joh=Brauer!"

Wind.

Et liet en Duarp im Strunzerdal,
Ik braff et ug nit nennen;
Doch bai bütt äine Stücksken hört,
Dai kann et lichte kennen.

Se maket geeren Windjuchhäi,
Un konnt sau füärnehm spriäken,
Un het doch imme Schappe nix
Te beyten un te briäken.

Des Middags tätt' sai Plundermilk;
Dann stoot sai in ben Düären
Un pruckelt sik be Tiänne iut
Met Sprickeln un met Fiären.

Niu stät mey: brümme baut sai bat?
Dat sai ben Luien weyset,
Et wören graute Floosken Fläisk
An iärem Disk verspeyset.

Det Briutexamen.

Bat uß be alle Jochmen vertallte: —

„Aß' if men menne Margraite friggebe — jöjoh
un jöjoh, biu genk et men bo! — bo wort' et emme
nau sur, wamme 'ne Frugge hewwen woll; bo wören
helleßk gelohrte Tenen, un bai kainen Kopp aß' en Dem-
mer bicke habbe, un kaine Konbuiten berinn, aß' en Affe-
kote, un kam no ußem fäll'gen Paßtauer Künighuaß
un woll't Briutexamen maken — jä be biußend Schwer-
renaut! bat kräig hai en Reppermäntе! „Marsch, geht
nach Haus, lernt ben Katechißmuß unb kommt im Vier-
teljahr wieder!" Un bann mochten fik bai Baiben wier
op iäre väier Echterbacken setten un lehren aße be Schaul-
blagen. — Alfau, biu et men genk:

Allerbinges, bat iß wohr, if waß in ber Schaule
kaimol füäroppe wiäst, aße van unnen getallt, un men-
nen Namen mohle if nau huitiges Dages met brai
Kruizen; awer bat wiete boch alltehaupe, gau sin if
menn Liäwebage wiäst, un menne Frogen imme klainen
Batz [1]) konn if sau scharmante oppseggen, bat if all
met säßtain Johren bet Nachtmohl kräig; frenlik, en
paar anbere nasewense Jungens kriegen't all met väier-
tain, awer if gloiwe ümmer, wenlen if sau gelohrt waß,
woll mik uße Magister aße Zierroth nau en paar Johr
lenger in ber Schaule behallen. Alfau gutt — if kam
iut ber Schaule, un waß all ne sturgewassenen Benzel,

un laip balle met — verstohe, if marßäierde des Owens met den anderen Schnurejungens ümer be Stroote, un hauftebe füär Margraitken seyme Fensterken. Et burte nit lange, bo kam if in't Geröchte, un af' if brai Paar Schauh afflaupen habbe, bo gafft' et Handschlag. It nahm iätt, verstohe, iätt, an be Hand un genk nom Paftauern. Hai gaffte us be Hand un was ganz fröntlik, un if bachte all: et gäit gutt — am Enne awer flickebe hai fau niäwenbey bertüsker: „Nicht wahr? ben Kate= chismus könnt ihr ja gut auffagen? lernt nur* fleißig nach, in vierzehn Tagen will ich euch examiniren, das wird bann schon gehen." Jä jä, bat mainte hai, if awer kraffebe mey unnerwiägens, afe vey häimegengen, mangeft unner ber Müske. Terhäime kräig if mey meynen flutbergen Batz bey ben Ohren — allerbinges, verstohe, if mochte äis lange faiken, in Disk un Kuffer, unner ber Trappen un op ber Affe²), bet lette fanb hai fik oppem Balken manker alt Eysern un Geräppel — un niu bermett oppen Häithaup gelaggt, un gelohrt un gelohrt, Froge un Antwort, Hauptstück un Kapittel, bat ufe Hiärrguatt wäit un batte nit wäit, fau batt be Luie nit anbers glöfften, afe if wör amme Priäcken un wöll nau stubäiern lehren op gäislik. Afe bai vertain Dage rümme wören, krinwelbe et mey imme Koppe füär Gelohrthait, un et genk ber mey en Spittakel inne rümme, afe 'ne Schlappermühle, un if begräip, bat wual en Menfke füär liuter Weyshait unweys weeren könn. It faggte: „Kumm, Graitken!" un vey wiäg, un nom

Paſtauern. Hai gaffte uß be Hand, ſatte uß twäi Staile un fenk an:

„Sag mal, Jochmen! wie heißt bein Namenspa= tron?" —

Ik bebachte mik nit lange: „Hai hette Jochmen Ha= werſtoppel, un bainte beym ſäll'gen Kriuſenhölter aſc Grautknecht." — De Paſtauer taug be Steerne kriuß: „Nein, Jochmen! baß war bein Pathe; verſteh mich recht, bu ſollſt mir beinen Patron ſagen." — „„Main' ey bakn villichte ben allen Spiggewitt, bai met eeren Tuig³) hanbelt? bai hett auk Jochmen."" Do worte blitzig un ſaggte: „Stockfiſch! ben h. Joachim mein' ich, ben Mann der h. Anna, zu bem bu alle Morgen beten ſollteſt." — „„Jä, Heer, biän main' ik jo grabe; heww' ik biän bann nit ſaggt? bann heww' ik mik verkürt; awer Stockfiſk giet et bey uß äiß op Aſkermibbewiäcken."" Hai taug 'ne Damp iut ſeyner Peype un frogebe wibber:

„Nun gut! ſo ſag mir mal die zwölf Apoſtel beß Herrn!"

„„Heer! twiälwe bat iß viel! lootet ug hanbeln! ſeyt mol met ſäſſen tefriän."" — „Nun benn, ſo ſag ſie!" — „„Twäi ſtoot hey in ber Kiärke oppem Altor, twäi te Brunscappel, un te Bigge weert ſe auk wual twäi hewwen — mäket ſäſſe."" — „Schafskopf! ba muß einem boch bie Gebulb reißen! Nun, ſo ſag mir noch bie ſechs Stücke⁴), bie zum Heile nöthig ſinb." — Ik gräip wier reſoliut tau un ſaggte: „„En Butter= ſtücke⁵), en Schmaltſtücke, un wann be Immen ben Häut gutt kriegen het, ok en Hunigſtücke; mehr giet et

awer bey uz te Lanbe nit."" — „Ich aber weiß noch
ein viertes!" raip hai un sprank op — „ein Stück Holz,
womit ich dich zum Haus hinaus jage!" un sau peck
hai 'ne Knüppel un woll mey oppen Bast — ik awer
nit lange gewachtet, un ter Düär riut, bat giste bat
hiäste, ase de Isel, biäm be Jungenz en Stücke Schwamm
unnern Steert laggt het. Bey ber Linne oppem Kiärk=
huawe wachtebe ik op Margraitken, bat kam un wißebe
sik be Augen met ber Schüärte un vertallte, be laiwe
Heer häbbe füär Bauzheit ben Peypenkopp terbruacken
un echter mey rinn raupen: „Vor ber Fafte keine Hoch=
zeit mehr! nach Oftern auch keine Eil! nach Pfingften
kommt mal wieder!" — En Glücke, bat vey nit 'ne
Stunbe leeter häime kemen, et häbbe Spittakel imme
ganzen Kiäspel gafft; benn Nowerz Hankriftöffelken un
be kriufe Franzwilm kemen uz all in ber Hiuzbüär in
be Maite⁶), met rauen Plettern⁷) ümme be Kappe, un
be Piftolle in ber Hand, un wollen be ganze Frönb=
skopp taur Hochteyt bibben; ik raip 'ne tau: „Jungenz,
bat Pulwer op ugger Panne iz natt wooren, lootet et
naumol broigen bit Pinkften!" —

Batt awer n i u? Dwäih meyn Bäin! ik mochte mik
wier met meynem flubber'gen Batz guttfrönb hallen un
hewwe berbey schwett, ase imme Backuawen; awer bat
et batte, bat waz kainen Batzen werth; amme leßten
genk mey Alles kriuz büäräin, ase wann be Scheller=
giäfte imme Potte kuacket, Froge un Antwort, alles
büäräin; in meyner Roofterigge⁸) laip ik no Margrait=
ken un raip: „Graitken, help! süz kreyg' ik bik meyn

Liäwen nit!" Un richtig, iätt kam hiär — verstohe,
iätt was gelohrt un konn jede Priäcke terhäime nohver=
tellen — iätt kam hiär un üwerlohrte un üwerhorte
mik; iätt saggte be Froge, un ik saggte be Antwort —
bo kräig bai Sake Fuck[9]), un ik kapäierbe meyne Läxe[10])
int bem Quaste, un ik saggte mangest füär Graitken:
„Pinkften Briutexamen maken?! Pinkften in ber Hau=
misse priäcken, Christenlehre hallen, Alles brächte ik fer=
rig." Pinkften kam, un bat Examen kam, un be Pa=
ftauer, bai mey Anfauks en Gesichte afe Surbäig tau
machte, worte ümmer netter un fröntliker; kam Froge,
kam Antwort, un bat genk äinen ümmen andern, afe
wann be Waldeggers diäsket, un ant Leßte faggte hai:
„Das war brav! kein Stockfisch mehr, kein Schafskopf=
mehr, sondern ein ordentlicher Christ; wo haft tu bas
her?" — „„Oh, Heer Pastauer! bat ik nit wäit, bat
wäit Graitken."". — „Das bacht' ich mir gleich, uub
bafür soll ihr bas ganze Examen erlassen sein. Dinstag
Morgen will ich euch kopuliren." — „„Dann, Heer
Pastauer, sind hey twäi Kraunbaler füär bat Tehaupe=
giewen, un ennen Drüttainer[11]) extro füär biän Pey=
penkopp, biän ey in ber Wiäcke füär Sente Meerten
terbruacken het; ik well uggen Schaden nit verlanget
seyn."" —

Dat froihliche Froihjohr.

De Vügelkes het niu tesammen sik sungen,
Niu singet se, springet se, het se sik laif;
Viel Blaimekes sint an ber Bieke[1]) entsprungen
Un' waigelt un spaigelt im Water sik baiy;
Un mey hiät bet Froihjohr en Blaimeken bracht,
Dat mey in be Augen, in't Hiärte rin lach't.

Van Blaimekes wual is be Wiesegrund helle:
Doch awer meyn Hiärte is heller vielmol;
Viel Singen wual klingelt in Biärg un in Delle[2]):
Meyn Hiärte mehr klingelt as' alles temol,
Un alles, weyl't Froihjohr mey'n Blaimeken bracht,
Dat mey in be Augen, in't Hiärte rin lach't.

Det Singen ber Vügelkes buret nit ümmer,
De Blaimekes weert imme Hiärweste krank;
Doch Laiwe, doch Laiwe verblögget jo nümmer,
Un äiwig sall klingeln meyn helle Gesank:
„Et hiät mey bet Froihjohr en Blaimeken bracht,
Dat mey in be Augen, in't Hiärte rin lach't."

De schoine Jagd.

———

Hör' ey den Jägger nit blosen im Holte?
Un saih' ey dai Juffer, saih' ey dai stolte?
O Juffer, schoine Juffer, sau stolt un sau frey!
De Jägger schütt Wilwert, un diu bist derbey.

Do buawen bo riusket be Jagd in den Büsken;
De Jägger giet Fuier un knallet bertüsken;
Dann schällert seyn Horen: „Trarah un Juchhäi!
Do stuärtet, bo legget im Dampe bet Räih!"

Briun=Auge des Jäggers schütt fuirige Blitze,
Dogigen kann Nümmes be Miäckens beschützen;
Nit lange, dann schällert seyn Horen: „Juchhäi!
Lebändig is fangen bet stolteste Räih!"

———

Säinsucht.

Jo if well no bey,
Jo if mott no bey,
  Laiwe Miäckzken!
Schäien doh sau läie,
Söchten is sau bitter,
Jomer dött sau wäihe,
  Laiwe Miäckzken!

Jo if well no bey,
Jo if mott no bey,
  Laiwe Miäckzken!
Midden imme Schnaie
Blögget raue Raufen,
Wann if wier dif saihe,
  Laiwe Miäckzken!

Jo if well no bey,
Jo if mott no bey,
  Laiwe Miäckzken!
Wann't of Fuier spigget,
Wann de Himel drögget,
Wann et Bränne schnigget,
  Laiwe Miäckzken!

De fruamme Mann.

Et waß mol 'ne Mann — if well' 'ne Kasper boipen, — dai wuste de ganze Bibel van Biuten, un waß Kauersänger un saat imme Lätter, un machte det grötteste Kruize in der Kiärken, un konn sau kräftig biän, un wann Prossiaune waß, dann sank hai füär un stemmede den Rausenkranz an. Hai harr' all drai Fruggens daut; un bat doh dai Duiker? hai woll ok de väierde hewwen. Hai versprak sik met eine ganz jungen, quellen Miäckßken, un genk nom Pastauern, bekannt unner dem Namen Gehannes van der Ruhr, dat waß sau ne rechten Duitßken.

„Muargen, Heer Pastauer!"

„„Suih! — Muargen Kasper! bat brengest biu dann Guddes?""

„Herr Pastauer! wann ey sau gutt wören un raipen mik Sundag van der Kanzel."

„„Bat, Kasper? hör' if recht? van der Kanzel raupen?""

„Joh, Heer Pastauer!"

„„Kasper! ümme Guaddeswillen! biu alle Keerel, biu alle Stengel, biu west nau mol friggen?""

„Joh, Heer Pastauer!"

„„Näi, Keerel! hör mol, me söll dik sau niämmen un stülpen dik ter Trappen runner! Goh dik doch hinner den Uawen sitten un kuck düär be Splieten un loot dik

Grautwaar haiten! Niem den Myrrhengarten in de Hand, un denk an den himmelsken Bruitigam, dat is bey biätter!""

"Heer Paßtauer! Sai mottet nit spotten! Sai mottet nit mainen, ik wör' as'en anber Menske! Et is mey nit ümme dat Friggen[1]) te daun: ik woll sau geeren naumol dat Sakramänte empfangen." —

Kasper no der Hochteyt.

Un Kasper friggebe tem väierben Mole. No acht Dagen laip iäme be Paßtauer innen Wiäg. "No, Kasper, biu gäit et?" — ""Gutt, Herr Paßtauer, gutt!"" — No vertain Dagen frogebe be Paßtauer wier. ""Oh — gutt, Heer Paßtauer!"" — Ülwer en Teyt lank woorte dat "Oh" nau viel lenger: ""Oh — et gäit sau, as' et gäit."" — Un no säß Wiäcken kam Kasper met eine galmergen Gesichte int Wäiertshius: "Bernbeyne, gif mey 'ne halwen Dort! ik hewwe mik ärgert." — ""Kasper! et is nit gutt, wamme innen Ärger brinket."" — "Döt nir! gif mey 'ne halwen Dort!" — Un hai käik ganz eerenßthaft int Glas, buckebe met dem Koppe in be Hand, kläggebe[1]) sik teweylen hinner dem Ohre un saggte kain Woort.

Acht Dage berno kam hai wier un soh ganz ver-

2*

nattert iut. „Jömmer Kasper, hiäste de Giällsucht?" —
„„Joh, de Galle söll emme üwerlaupen! Gif mey 'ne
halwen Oort, Berndeyne! if hewwe mik ärgert üwer de
Frugge."" Un niu fenk hai an iut te packen. „Sau'n
Däier? iß bät sau 'ne fruammen Mann wuall werth?
If dachte doch, meyne Rentlikkait un Flege te hewwen;
joh, niu kucket eme de Aarm iut der Mogge, un de Feeße
iut der Huase²). „Sau'n Fraumenß? kuacket sik
'ne steywen³), brai Würp op de Schoole, un Kasper
mott det Prütt⁴) siupen. Sau'n Weywesmensfe? wiret
sik alle Oowend de Schauh, un Kasper kritt se Sun=
dages nau nit mol geschmiärt. Sau'n Dier? ietet
Stiuten⁵) un Krengels un schmiärt sik Buter deropp,
un Kasper kann an den harten Kuasten gnappen. Sau
'ne Häre? trachtäiert de Jungens met Speck un Eggern,
un Kasper kann sik de Schallen besaihn. O Welt, o
Welt, o Welt! Arwwer dat fall anders weeren, oder
if well nit mehr Kasper haiten. Suih, Berndeyne! et
fall anders gohn, sau gewiß, af' if bit Schnäppßken
brinke! dofüär waffet nau Hiäseln imme Baukholte!""
— Met biän Woorden schmäit hai seynen Grosken oppen
Dißt, peck de Kappe un vergaat det Abjüß, un üwer
de Stroote söchtebe hai in seynen greysen Boort: „O
weiser Sirach, bat hiäst diu Recht!" —

No en paar Dagen saat hai unner 'me Buske, un
twäi Burßen het 'ne belurt, biu hai harre füär sik henn
saggte: „O biu laiwer Guatt! bat sin if te Mote kum=
men met biäm Däier! — Enne sau te schlohn! met
eme Braken afe meyn Aarme bicke! O meyn aarme

Puckel! — Wann't enne dann nit sau kraffede, dat Kras=
fehund! — It wöll geeren no der Asker, no der Big=
geßken un no der Brunßkäppelßken Prossiaune Witt=
sohrt gohn, wann if dat Ungehür wier queyt weeren
könn; joh, op meynen blauten Knaien wöll if tem Frig=
geder Biärge⁶) ropper rußken. O weiser Sirach!
O meyn aarme Puckel!" —

Kuart deropp begignede iäme de Pastauer. „No
Kasper? biu gäit et?" — „„O, Heer Pastauer! häbb'
ey mik domols nuammen un ter Trappen runner stülpet,
as' if van Wierfriggen kürte! dann häbb' if doch meyne
Knuacken op ehrlike Weyse terbruacken! niu schlätt se
mey dat Däier entwäi. Heer Pastauer! biu sall if et
maken?"" — „Jä, Kasper, dat iß deyne Sake; biu
hiäst dey innbrocket, biu most of iutfriätten."

Klanetten=Jürgen.

Klanettenjürgen harr' dat Ämtken, Hochteyen
un Kinnerdoipen imme Duarpe in Reyme te setten, un
de Köster machte 'me de Weyse dertau. Dat was dann
oft sau rührend, dat de Hunde opper Stroote an te
joilen fengen. Niu woll hai awwer of selwer mol Hoch=
teyt hewwen un dey biär Geliägenhait seyn Mesterstücke
imme Dichten affleggen. Drai Dage an der Reyge

genk hai oppen Balken un laggte fik oppet Hai, helt
den Kopp in de Hand un de Ohren steyf annen Kopp,
un dichtede, dat de Hoore damperen. Endlik was et
ferrig: hai sprank tem Balken runner, dat hai binoh met
der Ledder stüärtet wör, un wiäg, un nonne Köster, ase
wann hai op elwen Täiwen genge. „Heer Köster! niu
heww' if us awwer ente, sau ent' is imme ganzen Amt
Breylen nau nit junk wooren; seyt sau gutt un settet
mey 'ne Wehse bertau! awwer lustig, lustig! sau unge=
sehr ase Herr Schmitt ober schöner grüner Juf=
fernkranz." — „„No, Jürgen, dann loot mol hören!"" —
— Un Jürgen schmäit fik in de Buast und senk an:

Hiroth — Niggenoth¹)!
Friggen is de befte Noth²).
Niggen Rock un niggen Haut,
Nigge Schauh un niggen Mauth.

Hiroth — Niggenoth!
Friggen is de befte Noth.
Müll un Grüs un Spinnewiäwen,
Alles wert do intefiäget.

Hiroth — Niggenoth!
Friggen is de befte Noth.
Käm' ok süs nix Nigges tau,
Giet et doch 'ne nigge Frau.

Hiroth — Niggenoth!
Friggen is de befte Noth:

Haalt bai allen Düppens[3] hiär,
Loot se butsen füär be Düähr!

Hiroth — Niggenoth!
Friggen is be beste Noth.
Wann if men menn Graitken frigge,
Weert be ganze Keerel nigge.

„No, Heer Köster, is bat nit wat Nores? bat segge botau? sin if nit en Schanen[4]?“ — „„Iä, Iürgen! bat Stücksken is nette; awer, 't gefällt men doch nit; un söll if 'ne Wenfe bropp maken, dann söll sai gohn afe: O Traurigkeit o Herzeleib.““ — „Heer Köster!!“ — „„Iä, Iürgen, biu kenkest mik an? Besuih mik mol: be Kopp is sau witt, afe 'ne Diuwe, un füär der Blesse hemm' if Schrumpeln üwer Schrumpeln. Friggen, un nigge weeren? och Guatt hintau! et hiät sik watt! Menne Marizibill[5] — if well sai nit schlecht maken, un sai is of be üwelste nit — awwer, Keerel, bat kannste men gloiwen, härr' if se nit, if nehme se nit. Füär nigge Schauh un niggen Mauth sett alle Dage nigge Nauth, dann hiäste en wohr Woort saggt, un if well't ben op Nauten setten.““ — „Näi, Heer Köster, sau main' if et awwer nit!“ — „„If kann't men denken. Och, Iürgen, batt sall't ben nau kummen! Diu mainst gizunders, bat wör liuter Zucker; awwer et sall ben of nau mol schmecken, afe angebrannte Milk; un et küm= met nau mol 'ne Tent, bo knureste met Kasper innen Boort: „o weiser Sirach!“ No? sall if setten nigge

Nauth?"" — „Näi, Heer Köster, niggen Mauth! un
bo bleywert bey." — „„Jürgen! dann goh no'me An=
dern un loot bey 'ne Weyse setten!"" — „Auk gutt!
dann bau' ik et selwer, un lire un tirelire sau lange op
meyner Klauette, bitt ik ene serrig hewwe, un wann ik
et singen sall no Prinz Eugen der eble Ritter.
Abjüs, Heer Köster! gruißet mey uge Marizibyll!" —
De Köster nurte⁶) hinner 'me rinn: „Bat sall't
bey nau kummen!" Un Jürgen machte über be Stroote
gleyk 'ne Reym oppen Köster:

> Düse alle Spartelbrake
> Sall mik nit bedraiwet maken.
>   Loot 'ne nuren, bat hai will —
>   Graitken is känne Marizibyll.
> Wann ik mey meyn Graitken frigge,
> Weert be ganze Keerel nigge.

Affschäit.

Wual op ber bräien Wiägebräit
Bläif ik bedraiwet stohn,
Lait meyne suchten Augen
Wual ümm' un ümme gohn.

Do konn ik nit erkennen mehr
Meyn gurre, laiwe Kind;
Ik soh ment iäre Daiksken
Nau wäggen büär den Wind.

Niu was sai wiäg, bet Duarp was wiäg —
Ik macht' als ümmer Halt —
Do soh ik ments den Thauern
Nau keyken üwer'n Wald.

De Thauere wiäg, un Alles wiäg,
Un was mey nix mehr kund —
Do hort' ik doch de Klocken
Nau genten iut der Grund.

Met Guaddes=Heeren=Klockenklank,
Wual met diäm hellen Schall,
Gruiß' ik tem leßten Mole
Dik üwer Biärg un Dal.

Met Guaddes=Heeren=Klockenklank
Saßt diu befuallen seyn
Ju Guaddes=Heeren Hänne —
Adjüs! un denke meyn!

De Schwalen.

———

Niu troppet sik be Schwalen,
Et is wual an ber Teyt;
Sai singet froih am Muargen:
„Abjüs! vey maitet weyt!"

Doch mey is Greynens=Moote.
„Ey Schwalen frank un frey,
O könn' ik met ug flaigen,
Bo ik terhäime sey!

Et is jo doch meyn Häime
Nit, bo meyn Huisken stäit —
Et is jo doch alläine,
Bo ik meyn Laifken wäit.

Ey Schwalen op ber Raise!
Un wann ey sai bo saiht,
Vertellet meynem Laifken,
Dat ik sai gruißen lait.

———

De hilligen drai Künige.*)

De hill'gen drai Künige met iärem Steern,
Se giät sik op be Stöcker un saiket ben Heern;
Et schnigget un schlackert, et fruiset un knappet,
Bey trempet be Täiwen, be Tiänne bai klappert.

Loot schniggen, loot schlackern, et bait us nix,
Bey singet, un hallet us bapper un fix;
De laiwe Heer well Alles belaunen
Met Glück un Siägen un himelsken Kraunen.

Doch, laiwe Luie, bat keyk' ey sau späih?
Grunbehrlik bat sin vey jo alle brai.
Drüm well vey ug usen Namen seggen,
Dann werre vey, bat ey Respäck sollt hewwen.

---

*) Manchem ber Leser ist es vielleicht unbekannt, baß bie Sitte,
bie h. brei Könige bramatisch barzustellen, sich noch in meh=
ren Gegenben Westfalens, namentlich im obern Sauerlanbe
erhalten hat. Drei Bursche vereinigen sich zu biesem Zwecke,
verkleiben sich, setzen sich Papierkronen auf, ber Kaspar schwärzt
sich bas Gesicht, ber Melchior ist blank, unb ber Balthasar
orbinär; an einem Stocke tragen sie einen hölzernen, breh=
baren Stern. So ziehen sie auf ben Dörfern umher unb
singen in jebem Hause ihren (meist selbstverfertigten) Spruch,
ber gewöhnlich halb religiös, halb komisch klingt, ungefähr
in ber Weise bes vorstehenben Gebichts; banach nehmen sie
ein Almosen in Empfang.

Ik, Kasper, ik hewwe känn Pläcksken witt,
Den schoinen Juffern gefall' ik nit;
Doch wann ey mik wellt bei der Nacht bekeyken,
Dann loot' ik ackroot as' uges Gleyken.

Ik, Künig Melcher, sin witt un seyn,
Sau seyn, as' en Heer un en Growe kann seyn;
Sin seyne gewasken un seyne gekemmet,
Dat Alles taum güllenen Rocke stemmet.

Ik haite Balzer un schlüäre sau mett,
Ik sin nit aisk un sin ok nit nett; —
Ik burtele ümmer sau echter den Andern,
Well auk taum hilligen Lanne wandern.

Taum hilligen Lanne is awer nau weyt,
Ais giet et nau mannegmol Arbeteyt,
Un Gelt, dat kamme vam Tiune nik briäcken,
Drüm mött vey mildböthige Luie anspriäken.

Dai reyken Patroiners in düser Staat,
Ik denke, dai giät us 'ne Stuiwer ter Baat';
Vey singet taum Danke un brägget den Steeren
Un gruißet ug allen den laiwen Heeren.

Schulten=Hochteyt.

Op Aßmannshuawe was graute Hochteyt. De
Kattenköppe[1]) biuseden, un Trumpetten un Klanetten
blaisen iäre Mäiste. Un Alles was innlatt, Familge
un Frönbskopp, Köster un Pastauer; un selwer be
Schwäine un be Piärrejunge kriegen iäre Richtige: fette
Büters met Schinkenfläiß. Sai läggten sik alle örntlich
int Schmiär, un be Weyn flaut üwer be Diske. De
alle Schültske was recht kuntant un sau lebändig as’
en Immeken, schnäit un braug opp. Ase awwer be
Schinke ummer klenner woorte, un ase me bem Broon
all op ben Knuacken saihn konn, bo käik sai sik boch
mol schaif ümme, of be Reyge nau nit klenner woren
wör; awwer näi, sai seeten ase be Pöhle, un, o wäih!
bo biuten senk et an te riähnen un te pleestern, bat sit
känn Ruie op be Stroote wogebe. „Jä, Schültske! vey
bleywet, bo ve unner Dak sint; vey mottet ’ne Nacht
op Aßmannshuawe hallen.“ — „„Dat sall uß recht laif
senn! vey hett jo Platz!““ saggte be Schültske un knäip
an ben Augen un stallte iäre Gesicht terechte, ümme
fröntlik iuttesaihn. Un sai bliewen bo. De Pastauer
kam op be Heerenstuawe un kräig en Bebbe sau hauge,
bat me üwer ben Staul steygen mochte; watt kemen
op be Kamern, Andre op be Hille, un bai bet grüä=
weste Wand[2]) amme Rocke habben, oppen Balken iut
Hai. De Schültske konn nit schlopen un helt äimol

üwert andermol de Hand iut dem Fenster, of et nau
riänte; un bo nau Alles schlaip, stont sai all op un
käik in be Wiährpoorte³): de Himel was duister, un et
gaut met Mollen. Sai raip ganz verdraitlik: „Ger=
druiken! hank den Kitel, näi, hank den Schütelpott op
un kuack Kaffäi! mak 'ne awer nit te stark, de Retzge
is lank.“

Middlerwetzle künnen sik Alle inn: iut der Heeren=
stuawe, van den Kamern un van der Hille; un ok dai
imme Hai rispelden sik op un strieken sik de Kletten un
Spiere iut den Hooren; un nit lange, bo saat wier
Alles richtopp ümmen Disk. De Schültske lait sai
betzm Kaffäi sitten bit tain Uhr; awer et bläif amme
Riähnen, un sai mochte ok en Froihstücke brengen. De
Mannsluie sochten de Koorten un schlaigen 'ne vernünf=
tigen Solo an, de Frauluie kakelden un riepeden det
ganze Kiäspel düär; de Köster machte mol taur Verän=
derung 'ne Witz üwer't Wiär: „et riänt, ase wann't et
in Ackord härr', joh, ase wann't der Kraunbalers met
verdainte,“ un hinner biäm Witze hiär drank hai wier
un dachte: „wann hetz det Gedränke nit opgäit, dann
loot et riänen bit Seute=Merten!“ Un de Schültske
träntelde hin un hiär, ase wann sai Kuallen in den
Schauen härr', un käik iut der Diähr inter Lucht un
no der Windfahne — awer de Himel soh nau ümmer
iut ase en Driägelaken, un et pleesterde, ase wann de
Welt versiupen söll. „Jä, Schültske, vetz sollt wuall
naumol uge Middagesgast bletzwen maiten.“ — „„Jä
jä! 't is gutt!““ saggte sai, soh awer boben selwer iut,

aſe ſäß Wiäcken Riähnewiähr. Sai haalte 'ne niggen
Schinken van der Fläißweyme⁴), beſoh 'ne ganz wäih=
maidig un boh 'ne innen Pott. Aſe gar was, ſchnäit
ſai Stückskes ſau bünne aſ' en Mohnblatt, un ſöchtede
bey jedem Schniec. Beym Diske machte be Köſter 'ne
niggen Witz: „Schültske, if hewwe Malöhr hat! if öh=
mebe en wennig ſtarf, bo is mey be ganze Schinke vamme
Täller ſluaggen; hogget ber us nau mol anne riut!"
Sai ſaggte nir un ſchnäit. Enblich harr' ſai Alle nau=
mol ſatt. Awer, o Jömer! et bläif bo biuten amme
Strullen, aſe wann be Himel ſchmulten wör. De Koorten
famen wier oppen Disk, un be Frauluie ſünnen nau
ümmer watt te rantern un te riepen, un be Köſter fam
met ſeynem Hauptwitz annen Dag. „Schültske! if wäit
'ne gubben Roth!" — „„O, laiwe Heer Köſter, bann
lootet mol hören!"" — „Hört! bit taum Kaffäibrinken
well bey 't naumol anſaihn, allenfalls of bit taum
Owenbiätten; wann't bann awer nit oppehört met Riäh=
nen, bann make bey't, aſe be Wullmerker⁵)." — „„Laiwe
Heer Köſter, biu maker't bai bann?"" — „Dai lootet
et riähnen." — De Schültske woorte falſk aſe 'ne
Spinne un ſaggte kain Wort, genk riut un henk ben
Kaffäikitel op. „Gerbruifen! guit us bat Grüß van gi=
ſtern op! bat is füär bai Schmalächters gutt genaug." —

Un ſai brünken Kaffäi. Awer et woorte ſeyf, ſäß,
ſiewen Uhr, et woorte buiſter, un Sente Päiter ſeyne
Sprütze was nau ümmer nit lieg. De Schültske mainte:
„'ne Stücker ſäß Parplühs können bey wuall beynäin
brengen, un be Andern können uſe Tuffelnſäcke ümme=

hangen, un be Frauluie ufe Bebbelakens." De Köster
awer mainte: „Et is boch en wennig te klaubrig wooren,
vey finnet kainen Buamm mehr op ber Eere; vey neh=
men ug ben ganzen Kamp annen Stieweln met, un be
armen Frauluie met iären papiernen Schaikelkes föllen mey
van Hiärten läib baun. Schültske, woget naumol 'ne
Schinken branu!" De Schültske schwäig stille un spig=
gebe Gift ; fai genk iut ber Stuawe un rette ben Sa=
loot, machte awer kaine Brögge van Sur un Baum=
uallig brüwer, afe gistern, fundern van Plundermilk, un
op be Tuffeln kaine geschmurte Buter met Päiterzilge,
näi, Water un Miäll met Schraiwen⁶). Un bey
jebem Handtast, biän fai boh, föchtebe fai: „Dat Volk
frietet enne nau pankrott!" — Sai braug Tuffeln un
Saloot opp, un fatte be graute Schütel met ben Schin=
kenknuackens oppen Disk: „Hey is be ganze Räst;
wann't opp is, hört et opp!" — „„Kinners, verschliuket
ug nit!"" faggte be Köster; fai awer genk un lait fik
ben ganzen Owend nit wier faihn, taug ben Schlütel
iut bem Keller: „loot fe bey't Pütt gohn!", un ben
Schlütel iut iärem Kulter, un laggte fik iut Bebbe un
striepebe ben Raufenkranz ümme biätter Wiähr. De
Gäste gäfften fik auf allmehlig ter Rugge, ter Trappen
un tem Lebberfen ropp. Sau mannegmol afe be Hahne
kräggebe, helt be Schültske be Hand iut bem Fenster:
awer et riänte, afe wann alle Bänne ümme bet himelske
Waterfatt buasten wören. Sai stont opp. „Gerbruiken!
hank ben Schütelpott opp! awer Zikurgen, nir afe Zi=
turgen! Zikurgen is auf en gutt Gebränke, un füär

bai Friättpööſte nau viel te gutt. Fuär den Paſtauer
kannſte en wennig int Pöttken apart mahlen."

De Gäſte ſammelden ſik wier ümmen Diſk: ſai
brünken en Schölken fuär 't Nöchtern un verbräggeden
hellezk be Augen. De Köſter, bai ſüz fuär emme Dutzenb
nit bange was, ſtülpebe gleyk nom äiſten rümme. „Heer
Köſter, ſettet naumol opp!" — „„Näi, Schültzke! ik
banke; be Kaſſäi iz van Muargen te ſtarke, me kritt
bet Biewern bervann."" — Sai ſeeten un ſecten, un
be Mannzluie kriegen wier be Koorten. Do awer
brak ber Schültzken be Gebulb: ſai genk riut un kam
wier rinn un ſaggte bey vullem Stuärten un Strullen:
„Et iz awer boch van Nachte ſchoine bicht riänt; et iz
ck, aſe wannt ſik en bittken oppklörte; bai niu bo wöll,
bann wör't gitzunberz Teyt; me wäit nit, bat et hernoh
fuär Wiähr gitt. Heer Paſtauer, iz büt uge Stock?
Heer Köſter, iz büt uge Kappe?" Do miärkeben awer
be Gäſte boch enblich, bat op Aßmannzhuawe fuär Wiähr
wör, un be Köſter fliſperbe bem Paſtauern int Ohr:
„Heer, vey ſittet hey nit mehr ſchur, et riänt uz tem
Dake rinn." Sai ſäggten Abjüz un bankeben fuär be
fröntlike Opnahme un machten ſik, trotz Wind un Wiähr,
iut bem Dampe. De Schültzke machte en Kruize echter
'ne rinn un ſaggte: „Meyner Lebztage nit wier! wann
uſe Kattreynken mol frigget, bann ſall't mentz 'ne Kaſ-
ſäihochteyt giewen — bat ſegg' **ik**!" —

Sprickelkes un Spönkes.

„Varia sunt hominum studia" — op Duitsk: „En
Jeder hiät seyn hülten Piärt."

Handirk doh op der Eere nix laiwer ase schmaiken,
un helt känn Kruieken op der Welt höchter ase Tuback.
Bat het se 'me füär 'ne Sprük oppfangen? „Sau
ruppige Jungens? van siewentain, achttain Johren? gatt
do un wellt all schmaiken? konnt se auk all schmaiken?
joh, ik mott mik ärgern, wann ik et saihe! Et is boch
gubben, laiwen Tuback! van Andräis Vollmer te Vel=
mede! koſtet seyne ehrliken brüttain Pännige! o do mott
me Dämpekes van trecken af' en seyden Fiämmeken! un
düse Jungens! düse Tiähröppe! schmeytet Dämpe ase 'ne
Plärresteert!" —

Hanreykes, seyn Nower, helt et met dem Schnäps=
ken. „Hanreykes! brümme gäiſt diu wuall alle Dage
no Brunsschappel?" — „„Datt well ik bey seggen! en
geschaidt Menſke mott kain Narre seyn! hey in Aſſink=
huſen mott ik det Gliäßken met säß Pännigen betalen!
do goh ik boch laiwer dai klaine Stunde, nom Ruſſen
te Brunsschappel, dai niemet boch ments seywe; do brink'
ik mey säſſe, dann herrw' ik den siewenden frey, un nau
'ne Pännig üwrig; mäket imme Johre 'ne ganzen Daler
— do kamme aut Leßte reyke bey weeren."" —

Hamwilmken harr' wier ganz andere Wünſke.
„Vaar!" — „„Junge, battann?"" — „Vaar! wiet' ey,

bat if wöll?" — „„Jä, biu dumme Junge! bat söst
biu dann wuall wellen?"" „Hört, Vaar! if wöll, bat
if be Kurfürste wör."" — „„Ümme Guabbes willen,
dumme Junge, brümme dann?"" — „Dann läggt' if
mif alle Dage oppet Hai, un eete liuter steywen Brey." —

Hanjoistken harr' auf seyn apart Plasäier. „Jf
heww' en Liäwen, biätter kannt use Pastauer nit hewwen!
Wann if des Muargens oppstoh, dann hiät meyn Vaar
un meyne Mömme all drunken; dann stäit meyn Düppen
oppem Uawen, un if kann mey sau viel Water tau=
gaiten, af' if well." —

Niu, laiwe Luie, froget ug mol selwer: heww' en
auf uge besonderen Wünske? un sint se auf sau däi=
maidig, ase Hammwilmken un Hanjoistken seyne? Dann
is ug lichte te helpen, un be Welt un uge Geldbuil
kann derbey bestohn.

<hr />

Gehenneschen. [1]

<hr />

Heute will euch aber der Strunzerbäler mal weisen,
daß er auch Hobaits keuern kann; denn dies Stückschen
is so fein ase Seide, da wör' Plabbaits viel zu gemein.
— Gehenneschen was Mutters Söhnchen, un trichte
jümmer Milch un Staußen, un von der Plundermilch
ments den Schmant; un in be Kirche droßte er nit

gehen, denn von dem Hauchen²) auf den kalten Stei=
nern konnte er leichte den Schnowwen kraigen; un wann
Nabers Michel ihn mal stotte, dann schannte die Mama:
„ei du Groberjahn! willste das wohl ‚laaßen? du saft
unser Gehenneschen noch nich mal anfaaßen, du hast je
keine Hanschen an.“ — Aus diesem Gehenneschen woorte
auch mal ein Gehannes, un aus diesem Gehannes worte
ein Schneider, un er peck seine Ehle untern Aarmen
un stoch sein Streicheisern in be Tasche, daß ihn der
Wind nit fortweggen söll, un woll auf die Wanderschapp
gehen. Die Mama senk all acht Täge vorher an zu
grainen, un Gehannes was auch Grainens=Moote; am
leßten Awende holte die Mama Nabers Kucheisern, rorrte
süßen Daig ein un schlagte ein Duß Eier darein un
bock so feine Kuchen, bie schmallten eime auf der Tunge.
Am andern Morgen schnallte er die Küssentaike³) auf
den Puckel, bie stont ganz steif von ben Kuchen, wischebe
sich be Augen, un:
         „nun abe, liebe Frau Mama!
      in stewen Jahr sin ich wiedrum da;“
un die Mama helt die Schürze für die Augen un raip
ihm noch lange nach:
         „Gedenke mein zu jeder Frist,
         Bei jedem Kuchen, den du iß’st.“
Gleich unterm Dorfe fell ihm ein: „ich well mir
mal ein Wenig resten,“ un laggte sich in die Schwur=
zebirnen⁴) un aaß sich trummelbick. Als er sich müde
gelegen hatte, geng er föbber un sunk: „komm’ ich ber
bün Dag nit, komm’ ich ber mooren.“ Es worte heiß,

un der Pucken baat ihn drücken. Er dachte: „ich will ihn lichter machen" un baat drei Kuchen raußerkraigen un aaß sie mit gutem Awezeite. Er kam auf den Rin= kenbaal vor Stabt Brailen un baat sich noch einmal ümmesehn nach dem Strunzerbaal, das was so schöne, un er dachte an sein Heime un seine Mama darein, un er trichte wieder drei Kuchen raußer un aaß sie vor lauter Bedrübnuß auf. Er geng föbber un kam auf den Eß= höfer Walb; da stont er auf einmal vor drei Wegen zegleiche, da was guter Rath baier. Er saß sich in den Haid un achelte wieder drei Kuchen; aber er wußte ümmer noch nit, wohin? un er nahm die leßten drei Kuchen, bekeich sie lange un dachte an seine Mama zerheime, un aaß un greinte derbei, un trichte vor Greinen was in die unrechte Strosse⁵), daß ihm die Augen übergeloffen seind, un er dachte: „wann das so in der Frümede geht, so geh ich viellieber zu Mama zerügge; da seind mir doch die Wege bekennt, un da gibt es alle Däge frische Kuchen, un ich brauche mir nicht berein zu sticken; ich habe gißund die Welt kennen gelehrt un kann genug dervon verzählen." Un er suchte das Rüggespur auf un funk es glücklich wieder, un sprunk vor Plasir bau= meshoge, un ase er raafer kam in's Strunzerbal und hörte das Drengelbesheerenläuten von zerheime, da tuckte ihm das Herze, un er juchte un greinte in einem Ohme. Da kam ihm Nabers Michel in de Maite: „Jömmer, Gehannes! bo kümmest tu dann hiär? biu huppelst jo, ase wann biu Blosen an der Feeße härrest." Gehen= neschen aber verstund kein Plabbaits mehr, das hatte er

in der Frümede verkehrt, un er schutte amme Koppe un
flisperde: „Man sieht doch gleich, daß der Groberjahn
noch nit auf Wanderschapp gewesen is!" un drehte ihm
den Rügge. Michel aber rief ihm nach: „Wachte! if
brenge dey wier Pladduitks bey, wann if dif mol wier
ohne Hansken anpacke!" Gehenneschen aber eilte zu
Mama un fiel ihr ümmen Hals: „Mutter! die Kuchen
feind all, un ich habe die Welt gesehn!" Un die
Mama weinte vor Freuden, un rorrte gleich wieder fri=
schen Daig ein.

<hr>

De raue Rock.

Vat nit weyt hiär kümmet, dat is of nit
weyt hiär. Dat dachte Andilge[1] auk. Berndeyne
bäcket gewiß 'ne örntliken Stuten, of graut genaug fuär
väier Pännige; awer Andilge aat kainen, wanne nit
van Bigge was; un iären Schnuiftuback lait sai sik met
van Mestede brengen. Wann dann sau'n schnöggelig[2)
Fraumenske mol anfort weert, dat draff kainem Mensken
läib daun; un if gloiwe, ey kümmet mey nit in't Grey=
nen, wann if vertelle alsau biu folget.

Dotemolen wören bey den Frauluien bai allen rauen
Röcke in der Maude, if gloiwe, dat Tuig nännten se
Kamelott (wann if et verkohrt segge, is auk nau kain

Landschade nit); un Anbilge harr' all lange Johre an
sau 'ne Rocke frigget, woll awer doch wier wat Apartes
hewwen, un dai me bey Dovids Jiuben in Breylen
koffte, wören iär nau lange nit gutt genaug; sai harr'
ümmer hoort, dai echten kemen van Brunswig³), un
siuß nirgens hiär. Niu stont sai äines Dags in der
Hiusbüähr: bo kam de graute Hännes bohiär, de
Bügels oppen Puckel geschnallet, un woll wier in't Land⁴).
„No? sall't in de weye Welt?" — „„Joh, Anbilge!
de Stuiwers sind balle wier oppe."" — „Näi, hör mol,
Hännes! vey baiden het doch ümmer gubbe Fröndskopp
hallen, et is ok nau watt Familge; awer nau kain äin-
zigmol hiäste mey det Geringeste mettbracht, nau nit sau
viel, ase det Schwarte oppem Nagel; ajasses!⁵) bai hiät
dann sau wennig Rohgedanken!" — „„Nu nu, Anbilge! maket mik nit schlecht op freyer Strooten! wat
well ey dann hewwen?"" — „'Ne rauen Rock well ik
hewwen, 'ne echten, 'ne Brunswiger! op der Häimeraise
tümmeste jo düär Brunswig, segget se; dann denke mol
artig an Mödder⁶) Anbilge!" — „„Nu, seyt tefräin,
Mödder! 'ne rauen Rock biän söll ey hewwen. Niu
abjüß! bit Austern!"" — „Abjüß, Vedder Hännes!
Glück oppen Patt!" —

Niu was kain Menske bestelliger, ase Anbilge. Sai
genk Huisken füär Huisken, un machte alle rauen Röcke
imme Duarpe schlecht. „Se reytet ase Spinnewiäwe!
se spleytet ase Bünne!⁷) se schleytet, wamme se schaif
ankucket! dünne ase Postpapier! gruaff ase Baunenstrauk!
in der Farwe verduarwen! lank un twiäß⁸) kainen örnt-

liken Fahm beranne! Wulle ase Piärrehoore! Näi!
gatt mey boch met sau'me Rocke, un gatt mey met biäm
ganzen Dovibs Jiuben, biäm ey bat schwore Geld ber=
füär in't Hius schliepet! Latt ey awer mol Austern
kummen! ik segge, Austern! behallet ug biän Dag imme
Koppe! Austern! bann soll ey ug mol verwünnern!
bann soll ey mol 'ne Rock in ber Asker Kiärken saihn!
hinnnjä! Anbilge is klaiker, as' ey alltehaupe!" —
Anbilge dachte biän ganzen Winter mehr an ben Bruns=
wiger Rock, ase an ben laiwen Hiärrguatt, un des Nachts
broimede sai, bat bat löchten söll ümer ben ganzen Kiärk=
huaf, wann sai Austern met ber Prossiaune ümme be
Kiärke genge. Austern kam, awer be graute Hännes
nit. Do hiät kain Menske 'ne bebraiftern Austern fiert,
ase Anbilge, un an ber Prossiaune un an ber ganzen
Haumisse harr' sai wennig Vermak[9]). Sai troistede sik
an't leßte, bat Pinksten auk en hauge Fäst wör, un ben
Sunbag bernoh be Asker Hillgenbracht[10]). Un richtig:
in ber Wiäcke füär Pinksten kam be graute Hännes.
Hai was iäwen imme Hiuse, un be Staul, bo hai oppe
saat, was nau nit warme, bo kam Anbilge all üwern
Plaß oppet Hius an, un iäre Gesichte was füär Fraiben
sau raut, ase be Rock, bo sai an bachte. Awer Hännes
kräig 'ne Tuck oppet Hiärte. „O Heer, o Heer! biu
sall mey büt gohn? ik hewwe biäm allen Nüsel 'ne
Kamelottenrock verspruacken, un hewwe 'ne sau raß[11])
vergiätten! no, ik mott laigen!"

Inbiäm genk be Stuawenbüähr opp. „Muargen,
Vedder Hännes! Willkummen ok! Liäwen nau frisk?

ümmer gesunb wädst? lange iutbliewen, iutbliewen! annen
Rock dacht? all iutpacket? iutpacket? loot saihn! krigg
mol hiär!" Un sau wibber, un dat was en Geschlabber
un Geklapper, ase be Kliäppsterken[12]) op Charfreybag.
Et was boch fuär äin Däil gutt: Hännes konn sik
derweyle bebenken; un ase iär be Ohm iutgohn was,
senk hai ganz bebächtig un wisse[13]) an: „Nit wohr,
Anbilge? ey wollen boch wat Gubbes hewwen? van
biän echten Brunswigern?" — „„Gewiß, Hännes, ge=
wiß! verstäit sik!"" — „Dat dacht' ik auk, Anbilge!
biärümme woll ik ug ok kaine schlechte Waare mett=
brengen. Dai gubben Röcke wören in Brunswig grabe
oppgohn; ik hewwe dat ganze Dinges afflaupen, un
konn kainen oppbreywen, bai fuär ug passebe; ey konnt
boch kainen briuken, ase Grittken un Graitken! awer
bai gubben Röcke sinb wier in ber Fabrik, un gint[14])
Johr, bann kreyg' ey 'ne Rock, bo könn' ey in Köllen
mett oppen Danz gohn." — Dat was en Gesichte, bat
Anbilge oppsatte! gewiß sau lank, ase 'ne Wiesebaum!
awer bat soll sai maken? un sai sollte sik nau gehauft
berbey, bat Hännes iut liuter Respäck fuär iärer haugen
Persaun kännen schlechten harr' brengen wöllen. „Joh!
Hännes! ik härr' te Pinksten biän Rock geeren hatt!
ganz geeren! awer bo hiäste Recht: me is boch nit ase
jebwibber Anbere. No! bann awer gint Johr boch
ganz gewiß!" — „„Ganz gewiß, Anbilge! süs well ik
'ne schlechten Keerel seyn, bo kain Hunb mehr en Stücke
Braub van niämmen sall!"" —

Diän folgenben Winter kürte Anbilge nit sau vake

3

vamme Kamelottenrock; un mannig schnoi Fraumenſt
frogede iut Speyt¹⁵); „No, Anbilge? Auſtern iß all
lange wiäſt, awer dai ſchoine Rock hiät ſik in der Kiärke
nau nit ſaihn loten.“ — „„No, biu fräie Dink! ſöſt
bey doch auk deyn Schnuitken waſken! joh, wann mew
'ne Rock van Hawerſtrauh gutt genaug wör, aſe bew
un deynes Gleyken, dann härr' ik all lengeſt ennen!
un Auſtern kümmet doch wual naumol in't Land!“ —
Do harr' Anbilge ok ganz Recht: Auſtern kam würklich
nau mol: un ſaumett ok de Dag, dat de graute Hännes
häimekummen mochte¹⁶). Aſe hai in Breylen ankum=
men was, ſatte hai tem leßten Mole be Hacke unner
un nahm ſik Ennen¹⁷), ümme lichter ürwer den Buar=
biärg te wippen. Aſe awer de Wäiertsfrugge mol
rinter Stuawe käik, kräig hai 'ne Schrecken, dat hai
ſuär Biwern ſeyn Gliäßken üwergaut; denn ſai harr'
'ne rauen Rock an, un hai harr' in Brunswig düttmol
wier an kaine rauen Röcke un an kaine Mödder An=
bilge bacht. „O jömmer! biu ſall ik düt maken?!“
Doch hai, kuart gereſolwäiert, ſprank üwer de Stroote
no Dovids Jiuden un koffte 'ne Kamelottenrock, ſau
gutt un ſau ſchlecht, aſe imme Laden te hewwen was,
peck 'ne ſeyn in Watte, ſchnallede 'ne in de Bügels, un
ſtawelde tem Dore rinter un tem Buarbiärge ropper.
Aſe hai in be häimeske Kauhwaide¹⁸) trat, do was dat
äiſte Lebändige, bat iäme in be Maite kam, Mödder
Anbilge un iäre Hitte¹⁹), bai harr' ſai amme Leyneken
un lait ſe an ber Hiege be äiſten grainen Spriuten
gnappen. Bo ſai biän grauten Hännes met ſeynen

Bügels gewahr worte, bo wipper' se suär Fraide rinter Höchte un lait be Leyne schnappen, dat bet Hittenbink üwer Stock un Stäin, üwer Busk un Tuun satte. „O Hännes, halt't opp!" un sai ber echterhiär, un laip un traup; un wann't Hännes nit bohn härr', dann könn sai nau laupen. „Oh Hännes! — willkummen ok! — hiäste mey — it hewwe nau nit sauviel Ohm, dat it berno frogen kann — hiäste mey auk — bat is et mey häit woren — hiäste mey auk an — oh Guatt, wamme sau bümpest op ber Buast is — hiäste mey auk an den Brunswiger Rock dacht? Hiäste, laiwe Bebber?" — „„Joh, Möbber, verstäit sik! 'ne echten heww' ik ug mettbracht, et is 'ne Stoot! ey sollt ug be Augen verblennen, wann ik intpacke."" — „O Hännesvebber, dann pack iut!" — „„Näi, Möbber! hey op ber Landstroote boch nit! terhäime! gebülliget ug sau lange! Abjüs! bernoh kunne no meyme Hinse kummen!"" —

Nu was bai Hitte nau recht schlapp imme Balge; awer Anbilge mainte: „sai is gewiß lengest satt! sai hiätt jo friätten sier Mibbag!" un taug bat schmachter'ge Tink amme Stricke noh, un hinner bem grauten Hännes hiär. Dai was kumme im Hiuse, bo stont ok all bat nigglike²⁰) Weymesmenske oppem Süll un harr' sik sau hinner'n Ohm laupen, dat et iär örntlik gailte²¹) op ber Buast. „No, Möbber! if saih, ey verlanget bernoh; et is awer ok noal ber Mögge werth." Hai schnallebe be Bügels uapp, kräig bat Päckßken riut, machte fuärsichtig be Watte berümme benne, sprette ben rauen Rock üwer'n Disk, sträik met ber Mogge sachte üwer be

3*

Wulle, blaiß de Fluisekeß bervan, un saggte: „No,
Möbber! dat söll awer wual 'ne Rock seyn!" Sai
worte stump still, un be Augen laipen iär üwer füär
Fraibe. „O Hänneß! den Dank well ik bey schüllig
bleywen bit moren." Un sai wiäg, met biäm Rocke
unner'm Aarme, un gleyk bermett in't äiste Nowerhius,
un in't twebbe un in't brübbe, sau lange, ase sai Da-
geßlecht füär Hännen harr'. „Luie! niu keyket awer
mol! packet mey awer nit met ben Fingern beran, ober
wasket se ug äist! dat iß 'ne Rock! dat iß 'ne Farwe!
dat iß mol Wulle! dat iß mol 'ne Fahm! wäik, as' en
Pluimeken! glatt ase Seybe! fingerßbicke! Do goh enner
noh Dovibß Jiuben te Breylen un kaupe sau 'ne Rock
— jä proste Mohlteyt! latt ug wat mohlen! Niu suiht
me äiß, bat bat füär 'ne Unnerschäib iß! et giet boch
mentß äin Brunßwig! Lange heww' ik wachtet, awer
boch nit te lange! hinnnjä! Möbber Anbilge wäit wual
Beschäib op bür Welt!" — Den ganzen Owend kräig
sai kainen Schloop, un konn nit oppehören, iären Rock
te betrachten; sai verbrannte gewiß en Köppken Uallig
mehr ase süß, un be ganze Nacht broimebe sai bervan.
Den anbern Muargen kam be Rock foort[22] in be
Make, un op Austern genk hai met Anbilge Prossiaune
ümme be Kiärke. Anbilge sank füär Plasaier sau helle,
bat et schällerbe bit unnen rintem Duarpe.

Niu wollen tworen äinige späihe[23] Frauluie mainen, „et wör met biäm Rocke sau ganz weyt hiär boch
nit; Dovib seyne Waare wör grabe sau gutt, un Anbilge briulebe nau sau kainen erschröcklifen Prohl bervan

te maken; ſai wören actrot ſau ſeyne, aſe Anbilge." —
Anbilge awer waß ſtällig in iärem Glauwen, un iß ber
ok inne ſtuarwen.

—

Paulus Kaukenbaif.

—

Meſter Antun harr' enen Lehrburßen, bai hette
Paulus un harr' wennig Gebulb an ber Dräggebank,
awer alle Taſten vull Schelmeſtücke. Ann=Äiwe [1])
un Katherleyſebeth [2]) wußten bervan nohtevertellen.

Annäiwe harr' jeben Soterbag äinen Sprük:
„moren iß Sunbag; ik mott boch en wennig innroiern,
hai ieter't ſau geeren;" un rorrte ſaiten Däig, kräig
bet Eyſern oppet Fuier un bock Kauken ſüär iären
Hanbirk [3]); biäm gengen bann beß Sunbags Muar=
gens bai Kauken recht ſainig annen Boort. En Teyt
lank awer kräig Paulus mehr bervan mett, aſe Hanbirk.
Et waß grabe, aſe wann hai't ſiewen Stunbe Wiäges
härr' riuken können, wann Annäiwe bet Eyſern ſchmiährte;
hai lurte amme Hiußſüll aſ' en Pinkeſtvoß, un inbiäm
ſai ben Kauken oppem Fuier rümmebräggebe, ſchläik hai
aſe 'ne Katte ter Diälle ropp un miuſebe äinen van ber
Leyſte. Annäiwe waß en wennig blinſtrig un miärkebe
nir. Beym Tellen woll ſai ſik baut verwünnern, bat

ſai ment **d r a i** innen Knarf tallte, un mainte boch, be halwe Steygge⁴) möchte wual balle vull ſeyn. Sai ſchmiährte, ſai bock un bock, bit be Däignapp lieg, un be Speckſchwotel oppſchmiährt was. „Niu is bet Dutzenb vull! ſäſſe füär **m i k**, un ſäſſe füär Hanbirk! is füär baibe genaug!" Sai langebe be Kauken van ber Leyſte runner un tallte ſe innen Knarf: „Drai van iäwen — väier, feywe, ſäſſe, ſiewen — biuſenb Dunerwiähr! ſinb ſe bat **a l l e**?" Sai kam bermett in be Stuawe gelaupen un biwerbe an baiben Hännen. „Hanbirk! et weert mey aiſig⁵) un grüggelſk in uſer Küken! ik telle mehr **b e r v a n** aſe **b e r b e y**! ik hewwe ben ganzen Napp lieg backen! vey konnen baibe moren Muargen ſaat hewwen, un füär bik konnen ok nau 'n paar üwrig bleywen tau'm Nummeba3skaffe — un ſuih! biuviel ſinner't? ſiewen, un kain Stiftken mehr. Et is Häxerigge in uſer Küken! et was mey ok altens⁶), aſe wann ik ben Spauk härr' ſchleyken hoort, un en paarmol is et mey kalt büär ben Rügge laupen — et is nit richtig!" Hanbirk troiſtebe ſai un mainte: „bat hiät be Katte bohn." Un Annäiwe ſaggte: „Wann ik bat wüßte, bann ſchlaig' ik bai bunnerwiährske Katte nau van Owenb oppen Kopp!" Bo ſik bes anbern Dages be Katte ment ſaihn lait, kräig ſai van Annäiwe 'ne Nuff mettem Fauſte. Den folgenben Soterbag was awer bai nemlike Geſchichte: be Kauken wollen gar nit ruimen innen Knarf, un worten eger wenniger, aſe mehr; un tau iärem Unglücke kam be Katte, aſe be leßte Kauke imme Eyſern was, taufällig üwer be Diälle ropp, ſatte

sit bey'n Heerd un woll sik bo kummaube de Pauten
lecken un den Boort streyken — bo was et richtig, de
Katte was de Daif, un kain anbrer; bo was füär sai
kain Hail mehr op dür Welt: äist geschlagen un getriähn,
dann kräig se 'ne Stäin ümmen Hals un worte ver-
soipet imme Mühlengrawen, diän selstigen Owenb nau.

„Niu kamme doch met Ruggen Kauken backen!"
saggte Annäiwe, ase sai folgenben Soterbag Owend den
saiten Däig rorrte. Ase sai en half Dutzend iutem
Eysern kriegen harr', woll sai Handirk ennen taum
Prowäiern brengen: awer sai worte ohleywig [7]) füär
Schrecken, denn op der Leyste stönnen ment nau brai.
Sai schlackerde rinter Stuawe un raip: „De Katte was
unschüllig! et is en Spauk, en Spauk! vey mottet Roth
briuken! moren am Dage no der Frugge te Sinxen [8])
schicken!! wann't us ok en Punt Lechter kostet!" Hanbirk awer saggte: „Schweyg mey boch van biäm Häxen-
bäier stille! ik well den Spauk nau wual selwer ban-
nen," un genk met in be Küke. Annäiwe schmiährte
un woll det Eysern frisk füllen: awer Wunder un twäimol Wunder — niu was ok be Napp met dem Däige
furt. „Jömmer Handirk! hey regäiert be lebändige Duiker! no Sinxen! no Sinxen! anders is känn Roth!"
Awer Handirk laip üwer be Diälle runner, tem Hiuse
riut, un soh beym Monblechte, bat enner imme stumpen
Kapüttken in Nowers Uewerbüähr wippede, bai wat as'
en Düppen imme Aarme braug. Hai der echter hiär
un geraupen: „Mester Antun! äiner van ugen Burßen
is be Daif! äis be Kauken, un niu ok den Däig!"

Do awer genk Mester Antun in't Geschirr: „Diusend Dunnerwiähr! Paulus, kumm mol hiär!" Paulus kam. „Junge! dat hiäst b i u bohn!" — „„Näi, Me= ster, näi! Hennerkwilm hiärr't bohn!"" — „Spitzbiuwe! biu, un kain Anbrer! be Andern sinb fruamm! un bat iz büt bann, batte an der Mogge hiäst?" Un richtig, Paulus harr' be ganze Mogge vull Kaukenbäig sitten. „Hanbirk, biu saft hallen, un ik well schlohn!" un An= tun schlaug op biän armen Paulus, ase wanne Hawer buaßken härr', bit amme Braken kain Twilleken mehr saat, un bey jebem Schlage raipe 'me tau: „Ik well bey Aweteyt tau Kauken maken! biu saft be Finger ber= noh lecken!!"

Paulus. Nro. 2.

Oppen anbermol kam Katherleysebeth no Mester Antun in be Wiärkstuawe gelaupen un schannte af' en Krüpel. „Sau 'n Volk, ase biu imme Hinse hiäst? Ik maine, sai löhrten hey be Arwet — jä, Schelmestücke un Kniepe lehrt se! Graute Luie foppen, bat iz iäre Plasäier! ehrliken Luien 'ne Schmoot anbaun, bat iz iäre Muargen= un Owenbgebiätt! loot sai iäre Mester= stücke in Unbucht¹) un Nixnutzigkait maken! an ber Dräggebank brenget s' et boch nit ferrig. Suih, sau

nat sin it afe 'ne Katte! It saat in der Stuawe un
spann, it spann fleytig — bo kam bai ruppige Junge
ant Fenster un hiät mik nat sprenzelt²), nat üwerhiär!
Wann biu nit en Backeholt niemest, un diän Nixnutz
appelwäit walkest, dann biste 'ne schlechten Keerel un
fast iutschannt weeren fuär aisk un üwel imme ganzen
Kiäspel!" — „„Katherleysebeth!"" faggte Antun, „niu
hal doch äismol Ohm! it well 'ne gleyk op der Stelle
in't Examen niämmen, un biu fast derbey stohn. Pau=
lus! hör mol iäwen! loot de Dräggebank mol stohn!
bai hiät Katherleysebeth nat sprenzelt?"" — „O Mester!
it hör't wual, dat fall it niu wier dohn hewwen!" —
„„Junge! alles, bat nit baug, bat hiäst b i u dohn! luig
mer nit! it faih' et bey annen Augen an, bat biu 't
dohn hiäst!"" — „Mester, joh! it heww' et ok dohn,
it hewwe fai awer äis berümme f r o g e t." — „„Bat?
verluagene Junge?"" fchriggebe Katherleysebeth: „„An=
tun! hogg 'ne oppet Miul! hai luiget, batte stinket!""
— „Mester!" faggte Paulus, „ey konner't mey gloiwen!
It genk bey de Schirmecke³) un kräig mey de Spren=
zelbüsse⁴) vull Water; bo genk it dermet fuär iäre Fen=
sterken un käik mol dorin: fai faat beym Spinnrad un
fchlaip; it visäierbe iär met meyner Büsse nom Gesichte
un faggte: Katherleysebeth, fall icke mol? un fai nuckebe
„Joh!" It frogebe naumol: fall it? un fai nuckebe
wier. Do heww' it iär in't Gesichte sprenzelt, un fin
dann foort wier hinner de Dräggebank gohn." — Do
fenk Antun harre an te lachen, bat et schällerbe bit
unnen intem Duarpe. „Paulus! fuih! ben Knüppel
3**

harr' if all bey der Hand; awer if well 'ne wier in de
Ecke setten, un diu saſt tin Sundag 'ne Krengel⁵) bey'n
Kaffe herwwen füär büt nette Stückſken! — Katherleyſe=
beth, goh ruhig häime un droig bey beynen Spänzer,
un wann diu nit ſau foort opphörſt met Schennen,
dann vertell' if büt Schnürreken op allen Strooten, un
be klainſten Pööſte⁶) ſollt dik iutlachen. „Sall icke mol?“
Dunnerwiähr, Paulus! dai Spaß is en Kaßmänneken
werth.“

———

„Abjüs! bit oppen andermol!“

———

Niu is et wual Teyt, te ruggen, te raſten!
If ſegge met Odam: „de Quint' is mey buaſten.“
Un ug is de Puckel ok vull genaug luaggen,
Un Wind genaug ümme de Köppe fluaggen.
Jä, ſaiht ug mol ümme, un keyket mol iäwen,
Biu duiſter van bloem Dunſte de Hiäwen!¹)
De Wind dai wägget, de Hahnens dai krägget,
Un haug' op den Diäckern de Fahnen ſik drägget —
Wann de Strunzerdehler nit foortens²) ſchweyget,
Dann gloiw' if nau, dat vey en Dunnerwiähr kreyget.
De Strunzerdehler well ſtille ſeyn:
Foort ſcheynt de Sunne wier klor un ſeyn.

Un weyl't niu sau schoine sik oppeklört hiät,
Do niämm' ik be Kapp' un meyn hülten Piätt,
Un denke beran, bat be Schültske faggte,
Bo sai ben Gästen be Düähr oppmachte.-
If hewm' ug nau ments büt äine te mellen:
Wann ug meyne bullen Spargitzen gefellen,
Well if ug biär Schnäckskes nau vake³) vertellen.
Wual is et nix Feynes, wuall is et kain Golb;
Denn Sprickeln un Spöne finb hülten Holt;
Doch föll of bat Ganze nix wibbers haiten,
Me kann bermett boch ben Uawen anbaiten⁴).
Bai awer berüwer fik schüppen well,
Diäm gönnt' if, bat hai op be Nase fell';
Un well hai borüwer bann jalpern un schennen,
Dann kann hai fik schriftlich an mik verwennen;
Im äisten Vers, Pfalm biärtig un fiewen,
Do finnet hai meyne Abbräffe geschriewen.
Niu mak' if nau 'n artigen Dainer un Knix,
Dann rai'⁵) if mik iut bem Dampe fix,
Un üwer be Strooten, bo fing' if met Schall:
„Et liäwe bat froihliche Strunzerbal!"

.

Zweiter Theil.

———

Spargitzen.

Ingank.

Et is niu Winter, un Sente Kathreyne
Hiät schmieten den häiten Stäin intem Rheyne;
Doch mag et of wintern sau nog' un sau weyt,
En froihlich Gematthe hiät Sumer allteyt.

Et is niu Winter — de Stüärke sind tuaggen,
Det Lauf van den Boimen is stuawen un fluaggen;
Nit Blaume, nit Farwe, sau weyt af' if saih';
Ments haug' in den Wolken bo blögget be Schnai.

Et is niu Winter — de Welt is verschnigget;
Do singet kain Vugel, be Uile ments schrigget;
Do weert kain Laib op der Strooten nit hoort,
Det Water hiät selwer seyn Muusken verlohrt.

Et is niu Winter — et windselt dobiuten,[1]
Vey maitet us all in be Huiser verschliuten;
Vey saiht ments be Welt düär Glitzen[2] un Glas —
Biu was et doch schoiner, bo Sumer nau was!

Et is niu Winter, un Alles verstuarwen,
Der ganzen Welt is be Fraide verduarwen,
Un bai se nit selwer im Hiärten brit,[3]
Dai finnet se sieker dobiuten nit.

Im Winter, bo Alles vergohn un verfallen,
Do matt me sik graine Gedanken erhallen;
Dann mag et ok wintern sau nog' un sau weyt,
En froilich Gemaithe hiät Sumer alltent.

Gutt, bai en wennig Musenk verstäit.

„Frau! wann be nit sau gleyk stille bist, dann
niämm' ik bet Horen un blose" — 'ne güllenen Sprük
fuär jeden Nihmann, bai en Schandbplooster taur Frug=
gen kriegen hiät. Hört an meyne Geschichte un richtet
ug bernoh!

Max was Gemaindefuäster un Feldloiper, un 'ne
geschäidten Keerel, harr' awer äinen dummen Straich
macht un sik 'ne Frugge nuammen. Un bat fuär enne!
'Ne rechte Tange un Zantippe, en Süster vam Duiwel
seyner Graußmömme, en Sültemausgesichte¹) un Sur=
rampertenbäier, sau saite af' en Holtfurk, un grummelig
af' en Pöttken vull Duiwels; ümmer geknurt un ümmer
geknutert, un Knutersoppe was Max seyn Muargen=,
Mibbags= un Owendesiätten, en Trachtemänte fuär 'ne
Hundemagen. Kam hai Mibbages te froih iutem Biärge,
dann worte geschannt; kam hai te late, dann worte ge=
schannt, un kam hai ter rechten Teyt, et worte geschannt
un ümmer geschannt. Bläif hai imme Hiuse, dann

hett et: „fittet un fpachelt mey den ganzen Dag bai Keerel fûär den Faiten!" genk hai i u t e m Hiufe: „loipet bai Keerel den ganzen Dag op der Strooten, flirtert un fiulânzert, un lätt Frugge Frugge feyn!" Gaffte hai Antwort, dann worte fai giftig, un fchwäig hai ftille, dann worte fai fpinnebull — kurzum, meyn laiwe Max was 'ne gefchlagenen Keerel un konn feyne Fraide wual opkreygen. Härr' iämme nit ümmer be graine Wald in't Hiärte lachet, un nit be Wind oppem Biärge alle Grillen un Ärgerniß vamme Rocke wägget, hai härr' lengeft den Tifek²) kreygen mötten un fik begrawen loten; fau awer bläif hai gefund, blais van der Legge runner in't Dahl un lait Raiwen gutt Maus feyn. Aines Dages ftont hai auk wier uawen oppem Biärge un blais feynen halwen Mond, un blais alles iuter Buaft riut, bat feyn Hiärte bebruchte. Dann betrachtede hai feyn Hooren un faggte: „Wann ik doch bik nit härr', meyn laiwe Hörneken, dann härr' ik ok gar nix; biu fchenneft nit, biu keyweft nit, biu fchällerft ümmer faite un anmaibig, un bai dik hört, dai frögget fik in der Säile; o wör' doch meyne Frugge afe biu, dann häbb' ik den Himel op Eeren. Meyn laiwe Hörneken, wäifte mey kainen Roth?" Un fau afe dat faggte, bo raipe: „meyn Hooren fall mey helpen!" un fprank baumeshauge fûär Plafäier; „älft be Frugge mol büchtig ärgern, un dann kuräiern fûär alle Teyt!" Sau genk hai häime, fchlaug be Düähr bit fûär be Wand, ftotte feyne Flinte in be Ecke, fchmäit feyne Holfter midden inter Stuawe, fpartelde Staile un Difke büäräin, afe wanne kainen Brocken

häile loten wöll, flankede un roselde, un ehr seyne ehr=
un bugendsame Frugge sauviel Ohm beynäin sinnen
konn, ümme alle nigen un nigenzig Dunnerkeyl' herbey
te raupen, was hai tem Hiuse riut un laip in't Wäierts=
hius. Do saate, bit be Wächter be Elwe blais, gent
bäime, kam ruhig ter Stuawe rinn un saggte kain Woort.
De Frugge spiggede Fuier iuten Augen un senk an te
raupen un te schennen, dat be Kögge imme Stalle un
be Hahne op ber Hauert wach worten, be Hund un=
ner'm Uawen awer joilte, ase wann se 'me be Wied
ümmen Hals tügen. „Frau, sey stille!" saggte May
ganz sainig un artig; sai awer sprank in be Hiwelten³)
un raip un schriggede, giftig, ümmer giftiger, bat be
Flaigen an ber Wand sik verschrecken mochten. „Bat,
Keerel? if söll bey stille schweygen? if? meyner Lebstage
nit! sau lange ase nau 'ne Ohm in mey is!" — „„Frau,
sey stille! be Nowers weert wach."" — „Loot se wach
weeren alltehaupe! loot Köster un Pastauer wach weeren!
loot bet ganze Amt Breylen wach weeren! loot se hören
alltemole, bat biu füär 'ne Keerel bist! pfui jases! sau
'ne Keerel! futtaane, sau 'ne Süper! sau 'ne Nacht=
spauker! sau 'ne Wiährwulf! sau ne .... joh, if wäit
be Wöörber nit alle, bai bey taukummet!" — „Frau,
sey stille! if sin schlöprig," saggte May un boh, ase
wanne jäiwede.⁴) „„Bat, Keerel? biu kannst van Schlope
kuiern? biu kannst jäiwen, wannme bey be Wohrhait
siet? söst bik fröggen, bat nau 'n Menske in ber Welt
is, bai bey in't Gewieten raipet, bat biu füär en Unbier
bist! 'ne Hellebock biste, 'ne Duiwel biste! joh, if wöll

wual ſau ...."" — „Frau!" ſaggte Max, „wann
t i u Muſeyk mäkeſt, ik kann auk en Inſtrumänte blo=
ſen," un nahm bedächtig ſeyn Horen van der Wand,
laggte ſik in't Fenſter un blaiß iu be buiſtere Nacht
rinn dat ſchoine Laieken:

„Ein luſtiger Bruder weiß immer noch Rath,
Und wenn er auch manchmal kein Geldchen mehr hat,
So macht er ein kleines Conzertchen zu Hauß
Und bläſt mit der Flöte zum Fenſter hinauß."

Harr' be Frugge awer nau nit ſchannt, dann ſchannte
ſe niu! Herr du meines Lebens! bat was ſai dull!
ſai kannte ſik ſelwer nit mehr füär Gift un Galle, un
härr' biäm Max wual ſau be Augen iutem Koppe
kraſſet un be Fetzen vamme Rocke rieten. Max awer
ſaggte ganz geloten: „Frau! hiäſte nau Luſt? dann wäit
ik biär Stücksfes nau mehr," un laggte ſik wier in't
Fenſter un blaiß ſau anmaibig, aſe konn:

„Was gleicht wohl auf Erben dem Jägervergnügen?
Wem ſprudelt der Becher des Lebens ſo reich?"

van A bit kaum Enne riut; be Frugge awer kräiſk füär
Gift, dat iär be Stemme üwerſchnappede un Fait' un
Hänne füär Wiuth biwerden, aſe bet Gras op der Müre.
„Frau! iß et niu gutt? heww' ik genaug bloſen? näi?
dann mott ik mey biär Stücksfes nau mehr bedenken,"
un hai laggte ſik wier in't Fenſter un blaiß, graute
Jagd un klaine Jagd:

„De Haj' is baut, be Haj' is baut,"

un

„De Voß in't Huall, be Voß in't Huall,"

un biu dai Jäggerreyme alle haitet, un blais, bit be Wächter an der Ecke be Twiälwe tutede; dai kam ganz verschrecket unner't Fenster un raip: „Jömmer, Max! dat is luaß? if föll doch mainen, biu könnst bey Dage genaug blosen un be Luie bey nachtschlopender Teyt in Rugge looten!" — „„If wäit nit,"" saggte Max, „„if hewwe bün Owend fau 'n apart Plasäier amme Blosen, un meyne Frugge auk; goh beyner Wiäge un loot mik gewehren!"" De Wächter genk, Max schlaug et Fenster tau un soh no seyner Frugge; dai saat oppem Klüff'ken un schnappebe no Ohme — fau harr' se schannt un schrig= get, un was fau häist, afe wann iär be Hals met Wulle iutstoppet wör. Max henk seyn Horen an be Wand un satte sik rüggelk op be Bank. Do awer rappebe be Frugge alles beynäin, bat se nau van Stemme imme Leywe harr', un fenk an te schennen un nohtehaalen, bat Max üwerhort harr'; hai awer nahm seyn Horen wier runner un saggte: „Frau, wann't bey nau Spaß mäket, if sin's tefräin!" un laggte sik wier in't Fenster un blais, un genten in allen Nowershuisern gafft' et Gewach, be Lampen worten anstiäcken, un be Luie kamen imme Himebe aut Fenster un raipen: „ümme Guabbes= willen! bat is bat füär en Liäwebage in bür Nacht!" Max raip 'ne tau: „me mott jo wuall seyner Frugge wat te Plasäier baun! schlopet ments föbber!" Un hai macht' et Fenster tau. Seyne Frugge awer was witt

afe Kreyte un beschwauwet⁵) füär Gift, un foh fau barm=
hiärzig iut, afe wann fai reedert wör, un faggte kain
Stiärwens=Wöördeken. Max henk det Horen opp un
faggte: „Frau, wann't bey kain Plafäier mehr mäket,
dann heww' ik Fierowend, dann konn ve te Bedde gohn."
Un hai draug de Lampe un genk ter Trappen ropp,
un feyne Frugge folgede. Sai habben en Poifeken imme
Bedde laggt, bo fenk de Frugge hellopp an te greynen
füär Ärger, un bo fai en Poifeken grienen harr', bo
woll fe wier an te fchennen fangen; Max awer faggte:
„Frau! ik föll doch mainen, ik hiärr' bey niu genaug
füärblofen; wann biu awer nau nit tefriän bift, dann
mott ik de Büxe wier antain un halen't Horen."
„„Mann! ik bibbe dik ümme diufend Guadd'swillen,
loot feyn! de ganze Nowerskopp is jo wach woren!"“
— „Döt nix, Frau! loot fe wach weeren, loot Köfter
un Paftauer wach weeren, loot det ganze Amt Breylen
wach weeren! loot fe hören alltemole, bat ik meyne Frugge
laif hewwe un iär Alles te Plafäier daue." — „Mann!
düfe Owend is meyn Daut!" un fai druckte den Kopp
in't Küffen un was ftumpftill. „Gutt, Frau! wann
biu mainft, dann well ve fchlopen." — —

Den andern Muargen, afe de Miägede den äiften
Dracht Water haalten, was op allen Stroten Rede
derwan, bat bai Nacht füär en Haidenfpittakel un Blofen
imme Füäfterhiufe wiäft wör; de Fruggens klageden,
fai häbben de klainen Kinner nit imme Schlope erhallen
können, un äine no der andern genk noh der Maxefken
un woll wieten, bat paffäiert wör; dai awer faggte kain

Woort fuär Schiämmcbe, un afe Max Mibbages iutem
Biärge kam, kräig hai ne fröntliken Gurr'nbag un 'ne
kräftige Haunerſoppe, bai ſchmiärte iämme mol örntlik
wier de Riwwen; hai aat un brank un was fröntlik,
aſe wann nix paſſäiert wör, un de Frugge was ſau
ſcharmante un ſau fleſſen,[6]) hai härr' ſe ümme den Finger
wickeln können. Wann ſai awer mol in der Folgetext
wier an te nuren un te knuttern fenk, bann briukebe
hai ments te ſeggen: „Frau! wann biu nit ſauglext
ſtille biſt, bann niämm' ik et Horen un bloſe" — bann
was ſai ſau artig af' en Schautmöppel, un ſai liäweben
vergnaiget un tefriän, bit bat ſe ſtürwen. Guatt herwe
ſai ſiällig! —

___

Gehannes Strotenplooſter.

„De Welt is graut — bat herw' ik mey miärket, aſ'
ik van Arensperg no Rummeke[1]) raiſet ſin; un echter
Rummeke, ſäggten ſe, ſöllen auk nau Luie wuhnen.
Bai härr' bat ſeyn Liäwen broimet!?" Sau ſaggte Gehannes Strotenplooſter, genk no'm Teipel un brank
ſik Ennen, fuär liuter Plaſäier, bat hai ſik in der Welt nit
verlaupen harr', un genk ſeyner Lebstage nit wier iut
Arensperg riut.

___

Kauwes un seyn Isel.

Halwe Porziaun an der Krümwe, un duwwelde Dracht Schliäge — dat is, bat eme örntliken Isel tautümmet; ohne Knüppel un Flauken is hai nit tefriän. Kauwes un seyn Isel machten alle Wiäcke de Raise van Breylen no Poterbuarn un brügen Pakäite, Braiwe, Bestellungen un Kumpelmänte henn' un terügge. Platz[1]) der Spuaren brinkede Kauwes 'ne büchtigen Äikenbengel ramme Schellhoren;[2]) sau mannigen Tritt, sau mannigen Schlag, un sau mannigen Schlag, sau mannigen Flauk. Äinsmols woll de gäislike Heer auk no Poterbuarn un drap an der Poorte Kauwes un seynen Isel, dai wollen desselftigen Wiäges. „Muargen, Heer!" — „„Guten Morgen, Jakob!"" — „Auk no Poterbuarn?" · — „„Ja wohl, Jakob!"" — „Krummenauth, Heer! dann make rey Kumpanigge; et raiset sik te draien doch biätter, ase wamm' alläine is." De Heer konn nit gutt Näi seggen un gaffte sik drinn; awer sai wören nau nit halfwiägs Wülfte, do was hai dauf van all diäm Flauken un Dunnerwiähr. De Isel machte seyne Iselsstraiche, un Kauwes machte kuarte Feystaine un lait den Knüppel danzen, dat dem armen Isel det Kruize rappelde; dobey awer flügen sau viele „Dunnerwiährs" düär de Luft, met „Ußße[3]), Hucke un schaiwe Drache," un biu dai saiten Wöörder alle haitet, dat de Himel duister worte. „Nein, Jakob!" saggte de Heer, „ich kann das nicht mehr an-

hören; ich will Euch) mal was sagen; wir beiden wollen
...." — „„Heer! if fann dat verfluchte Haubnits nit;
fegger't men lainer op Platt, dat verftoh' if un menn
Jfel biätter,"" un dobey gaffte hai dem Jfel Ennen düär
de Flanke un schmäit enen Flauk inter Luft op sau echt
plattbuitsk, darr 'ne de Jfel gewiß verstont. „Jä, dann
hört mol, Kauwes! vey baiden wellt enen Akkord maken,
bo fik Kainer biätter bey ftohn fall afe Kauwes." —
„„Heer! dann lotet mol hören!"" — „Saiht, Kauwes!
in jedem Wäiertshiufe, bo vey hiär kummet, loot' if ug
'ne Schnaps giewen, un wannve no Poterbuarn kummet,
tell' ig ug 'ne ganzen Drüttainer richtig in de Hand,
wann ey van hey bit füär de Westernpoorte te Poter=
buarn kain äinzig Mol mehr flauket; fin ey biäß te=
friän?" — „„Diusend Dunnerwiähr, Heer!"" faggte
Kauwes, „„dat fin ey 'ne roren Menfken! op ug lot'
if meyner Lebstage nir kummen! un bai do fiet, ev
böchten nit, Schwerrenauth! dai kritt et met mey te
dauhn! un lootet mik ments no Poterbuarn kummen!
de Bischof fall ug de befte Paftrote giewen imme ganzen
köllsken[4] Lande! Schwerrenauth!"" — „Lotet dat gutt
feyn, Kauwes! awer fiätt: fall ufe Akkord gellen?" —
„„Dunnerbeßmen, jöfes joh, Heer! gewiß! met Plafäier!
dai Schnaps dött mey all op der Tunge gutt, un ugen
Drüttainer fin ey richtig quext!"" —

Sai gengen föbber, un Kauwes danzebe füär Pla=
fäier un dachte: „balle finvey bey der Ringelstäiner
Mühle, un in dem Barrierhiufe bo kritt me 'ne echten
Münfterländer;" un de Jfel genk fau bedächtig feynes

Wiäges, afe wanne en Fraidenlaib dichten wöll op be güllene Teyt; be Heer awer kräig feyn Brewäier iuter Tafke un fenk in aller Ruggen an, feyne Mette te biähn — kurzum: et was Rugg' un Frieb' in ganz Europa. Nit lange, bo kemen fai bey enem Stücke grainen Roggen hiär, un be Jfel machte ben Hals lank; Kauwes taug 'me Ennen büär be Seyt, harr' awer biän allen Kloren van ber Ringelftäiner Mühle in ber Nafe un schwäig ftille, af' en Muizken imme Miällfacke. Sai kemen in ben Wald oppen grainen Patt, un be Jfel schnappebe alzümmer no Gras un Kriut un worte fau briewest,[5] bat Kauwes ftauten un schiuwen mochte. Et kemen Difteln met ben schoinften rauen Köppen, un be Jfel woll nit van ber Stiee. „Friättfack! if hewwe bey boch bün Muargen en ganz Bunb Hai op be Roipe schmieten, un ümmer nit faat, un ümmer vull Schmacht? bä, hiäfte beyn Froihftücke!" un be Jfel kräig 'ne Tritt in be Hacken, un mettem Knüppel ennen Waarmen in be Seyt. „Heer! bat was boch kain Flanken?" — „„Awer nit viel biätter,"" mainte be Kaplon; „„niämmet ug ments in Achte un benket an ufen Ackorb!"" —

Et kam en Wäterken fau klor, afe Sunnenscheyn, un be Jfel bachte an ben Sprük: „klor Water un eyle[6] Braub, bat farwet be Backen rauth," un ftont, un schlurfebe, un ftont. Kauwes raip tainmol: „jü, Hans!" awer be Jfel ftont; „jü, alle Uiße!" — be Jfel ftont. „Hucke! bann wöll if boch, bat fau nigen un nigenzig .... Herr! if flauke awer nit, un ümme ugen Drüttainer fin ey ümme." Met Stauten un Triähn, met

4

Reyten un Peelen⁷) kräig hai eublik den Jsel rümme, de
Heer awer saggte: „Kauwes! mey is bange, bange, darr
ik meyn Geld behalle, un meyn Brewäier sall ik roual
wier in de Taske stiäcken mötten.“ — „„Näi, Heer!
biätt ments föbber! ik un meyn Jsel wellt kain Woort
mehr seggen.““

Et was gutt; sai gengen un gengen, un de Walb
senk all an, lechter te weeren. Op äimol kemen sai an
ennen baipen Grawen, bo verschreckede sik be Jsel sau,
datte sau pur stille stont un lange üwerlaggte, of hai
drüwer söll, ober nit; denn 'ne gubben Üwerlagg is
Geld werth; un hai worte met sik äinig, hai wöll der-
füär stohn bleywen. Niu was awer taum Unglücke
Kauwes der Mainunge, sai möchten drüwer, wann se
würklich no Poterbuarn wöllen. Hai schauf un stotte,
hai raip un schlaug; näi, be Jsel lait sik nit van seyme
Kunzäpte brengen. Hai spiggede in be Hänne un schlaug,
awer be Jsel stont sau gleykgültig, ase wanne kaine
Feywe tellen könn. Hai nahm all bai seynen Wöörder
ter Hanb, bo me süs be Jsels met kitelt, „Uiße, Hucke,
Maihucke, Auwerhucke, Drache, Mistdrache,“ awer näi!
be Jsel was un bläif braihörig, schutte amme Koppe
un käik gedankenvull innen Grawen. Do awer räit
bem Kauwes be Gebulb: hai wickelbe ben Naimen
vamme Stocke ümme be Hanb un walkede un baaßk⁸)
op biän aarmen Jsel, ase wann't alt Eysern wör, un:
„Sau 'n Himel=Kreuzgewitter un nigen un nigenzig
Dunnerwiähr sall bey rintem Balge schlohn! be lebän-
bige Duiwel sall bik reyen bit midden rinter Helle!“

Un richtig: be Isel gaffte seyne sparrbäinigen Gedanken op un was in äinem Satze üwer ben Grawen un näg= gebe iut, ase wanne nau besselftigen Dages no Berleyn wöll. „Kauwes, Kauwes! use Ackord is tem Enne!" — „„Auk gutt, Heer!"' saggte Kauwes un was Grey= nens=Moote; [9]) „„bann is et mey auk äinbaun! awer ey saiht boch wual, h a i b ö r r 't j o ä i m o l n i t a n= b e r s !""" — —

Noge bey der Ringelstäiner Mühle bochte Kauwes van ber Strote af un lette seynen Isel ganz kuntrehr. „Kauwes; ey verbott ug: h e y gäit be Wiäg hiär!" — „„Heer! be meyne awer bün Dag nit! main' ey bann, ik härr' en Hiärte van Marmel un Kiserlink, un et blotte mey nit, wann ik et Schild söhe un annen Münster= länber bächte?"" — „No, Kauwes, bann kummet! 'ne Schnaps solle boch hewwen, wann ok use Contract ter= rieten is; awer wient ug boch ümme Guabbeswillen bat wahne Flauken un Schennen af! ey stuärtet süs nau mol üwer ugen äigenen Flauk un briäcket den Hals." — Kauwes brank seynen Schnaps, un be Thrönen huk= kelben [10]) iäme buär seynen greysen Boort runner; hai schmäit dem Isel 'ne Lock Hai fuär, gaffte 'me Ennen fuär be Schienen un nuselbe fuär sik henne: „Sau 'ne bunnerwiährsken Isel! schatt emme seyf Grosken un siewen Schnäpse! wachte!" De gäislike Heer awer be= taalte biän Schnaps, saggte Abjüs un genk seynes Wiä= ges alläine.

––––––

4*

Hammichel.

Twäi Burßen, rechte Jännebecke, bai nir laiwer daut, afe graute Luie farâiern, nehmen be „Sprickeln un Spöne" in be Hand un gengen dermet no'm allen Hammichel. „Hör doch mol an, Hammichel! et stäit en Stücksken van bey imme Bauke," un lüsen iämme dat ganze Dinges fuär un habben iäre Hauhnnecken druwer. Hammichel horte sik dat an, schutte amme Koppe un sachte: „Jä, dat is niu mol wat! Wann se mik allen Mensken doch iut den Baikern laiten! se söllen der jüngere Kerels innsetten! bey het hey der Liegstriepers imme Duarpe genaug un genaug — wann ey en Paar bervan saihn wellt, dann briuke ments innen Ommer vull Water te keyken."—

Sau be Name, sau bet Kind.

Do was be säll'ge Dokter „Sau un sau" in Dingeskirchen, bai saggte: „Et is wohr — sau be Name, sau bet Kind. In allen Teyen, wanme sik verkullen habbe, bann brank me Balßmenthäi¹) un aat en Schmaltstücke berbey, un bat Dinges hette „Hausten" un burte

brai Dage. Awer ſterbtäm, bat uſe Abelbiärz Mebezeyn
ſtubäiert hiät un van der Univerſetäite wier terhäime
iß, bo frietet me be halwe Awethäike lieg, un bat Din=
ges hett „rheumatiſch = katarrhaliſches Fieber“ un burt
brai Wiäcken.“ —

––––––––––

Schnapphännes.

––––––

„Sau aarme aſe be Wiäg, ſau barwes aſe 'ne
Gaus, awer ſau ehrlik aſe be Sunne,“ ſaggte Schnapp=
hännes un ſtahl af' en Rawe. Hai konn briuken alles,
bat nagellaus was, un hutte't in ſeynen allmächtigen
Schnappſack; be Goiſe oppem Deyke un de Hauner op
der Miſte wören füär iämme nit ſiker, kain Nagel in
der Plaug, un kain Lüns füär'm Wagen. Kam hai
bey der Mühle ropp un ſoh be Anten ſik pubbeln,
waſten un kemmen, bann rauk hai all van feeringes
ben Sunbagesbroon, wahrte alle Ruit'kes¹) an ber Mühle,
un lait ſik nit Mühler, nit Knecht ſaihn, bups! gaffte
hai bem grötteſten Anterk met ſeynem Prikelſtock Ennen
op be Naſe un lait 'ne in ſeynen Ranzen ſpazäiern,
verbräggede be Augen, aſe wann hai bet anbächtigſte
Vaterunſer biätte, un mümelbe, wann bai ber Strooten
rop kam, in ſeynen Boort: „ſau aarme aſe be Wiäg,
ſau barwes aſe 'ne Gaus, awer ſau ehrlik aſe be Sunne.“

Muargens verschlaipen sik alle Luie imme Duarpe,
deun Hahnens gaffte 't imme ganzen Dinge nit mehr,
afe ments dem Köster feynen; bo be anbern bliewen
wören, bat wußte Hännes. Wann hai Himeber oppem
Tiune hangen soh, bann was et lämme all äln Daun,
batter füär Namens anne stönnen, bet beste was gutt
genaug un mochte in feynen Sack. Woorte imme Duarpe
backen, un Hännes rauk ben frisken Braubgerük, bann
krumelbe hai sau lange ümme't Backes rümme un boh,
afe wanne Knuacken un alt Eysern söchte, bit be Bäcker
mol affseyt was, bann worte be schoinste Plaß ober Britze²)
vamme Häller gamset, un kam be Bäcker wier, bann
buselbe Hännes all längest wier in ber Spoon=Eere no
Niägeln un Knuacken, ober schlaug seyne Augen gin
Hiäwen un söchtebe: „Och Guatt! wann boch alle Luie
wören afe ik: sau aarme afe be Wiäg, sau barwes afe
'ne Gaus, awer sau ehrlik afe be Sunne!" Un woorten
Krengels un Stiuten backen, bai mochte Hännes auk,
un bachte: „met Krengels kannste Braub sparen," un
be Bäckers tallten ümmer wenniger Stiuten in te m
Uawen, afe b e r i n u. De S p e y k e r m a n n awer was
klaiker afe be anbern; biäm fehlte bey seynem Gebäck
mol 'ne ganze Reyge Stiuten, un Schnapphännes nüs=
kelbe oppem Huawe rümme; hai mey nit bloi un saggte:
„Hännes, ik betaale bey füär't Punt Eysern brai Pän=
nige mehr, afe Jiuben Maier; loot saihn, biu viel hiäfte
in beyme Sacke?" un sau räit hai biäm Hännes ben
Buil iut ber Hand un taug s e y n e Stiuten herfüär.
„Bat Duiker, Hännes? kannst biu Stiuten iut ber

Spooneere krumeln? dann kannste mehr, ase andere
Luie; sey sau gutt un gif mey düse, mey fehlt grabe
sau viele, ase biu bo hläst." Geeren! siet be Bure,
wann hai mott, un sau saggte Hännes auk; „awer,
Speykermann! datt kannste mey glolwen: sau aarme ase
be Wißg, sau barwes ase ne Gaus, awer sau ehrlik ase
be Sunne," un kloppebe sik andächtig op be Buast un
machte en Gesichte sau fruamm af' en Kauersänger.

In Christions Hiuse habben se schlachtet, be Mette
worte hacket, un be Wuastebänne brägget. Dem Hännes
prikelbe all füär ber Düähr dai kräftige Gerük in ber
Nase, Zeypeln, schwarten Pläpper un Nägelkes-Piäpper,
un hai bachte: „blu hiäst kain Schweyn, un schlachtest
kain Schweyn, andere Luie mottet füär Hännes mett-
schlachten." Ase be Christiönske tem twebbenmol tallte,
fehlten drai Mettwüäste un äine Näiernwuast; bat gaffte
Flauken un Dunnerwidhr, Hännes awer genk unner'm
Hiuse runn, bruchte be Hand fruamm an't Hiärte un
köggelbe³) seynen allen Sprük. Am andern Muargen, ase
be Blaut- un Liäwerwüäste imme Kitel kuacket worten,
machte sik Hännes bütt un batt op ber Diälle te baun
un lusterbe⁴) ter Küken rinn. De Christiönske stont beym
Fuier un stippebe met ber Notel in be Wüäste; sai harr'
all ümmer saggt: „ik trugge biäm Keerel nit," un bachte:
„ik well niu wieten, bo gistern meyne laiwen Mettwüäste
blłewen sind," kräig ben Kuarf, sträik bet Messer op ber
Trappen un genk bermett in be Stuawe, ase wann sai
Tuffeln schellen wöll, un Hännes bachte: „niu is et
Teyt," sprank in ter Küken, taug be lengeste Liäwer-

wuaft un de dickeste Blautwuaft iuter Brögge, un fix
dermet in seynen Schnappsack. De Christiönske awer
stont all lengest wier hinner iämme, un ase hai sik üm=
medräggede un fixe den Sprük van seyner Sunnenehr=
likait in te Tiänne nahm, saggte sai: „Joh, Hännes,
ehrlik ase de Sunne! awer bat mäkeste dann bey diäm
Kitel?" — „„Oh, oh, nix! ik woll ments suargen, dat ug
bai Wüäste nit kuartkuackeden. Allerdinges, meyntwiägen
können sai kuartkuacken alltehaupe; näi, sau aarme ase
de Wiäg, awer ik könn doch kaine Wuast iätten füär
nau sau viel! all dat Gehackfel un Geschräppfel!
näi, gatt mey wiäg! un wann ik se ok möchte, un
wann ok fuffzig Mettwüäfte hey oppem Diske läggten,
un hundert Blautwüäfte imme Kitel, ik nehme nix, bat
mey nit taukeme, wann ik ok sau op der Stiee des läi=
digen Hungers stiärwen söll! et wietet jo wuall, Chri=
stiönske, sau ehrlik ase de Sunne!"" — „Recht sau,
Hännes, do halt dik an! awer gitzunders könnst biu
mey wuall 'ne Augenblick oppet Fuier passen un stuacken,[5]
ik mott iäwen meyne Tuffeln tem Enne schellen." —
„„Joh, gatt ments in Guatts Namen!"" saggte Hännes
un lachede echten im Halse üwer seyne laiwe Ehrlikait;
un sai was kium ter Düähr riut, do sprank wier ene
Blautwuast in seynen Sack. Dat durte awer nit sau
lange, ase me de Hand immedrägget, bo stönnen de
Christiönske un iäre Christion, un de Klainknecht un de
Grautknecht richtopp in der Küke un kloppeden iämme
op de Schuller. „Suiste nit, Hännes? det Fett seypet
bey jo büär den Buit! bat hiäste füär fette Knuacken

berinne?" — „„Oh — oh — oh — nix Apartes! sau
aarme afe be Wiåg, sau barwes afe 'ne Gaus, awer
sau ehrlik afe ....."" — „Joh, sau ehrlik afe Schin=
berhånnes!" raipen be Andern; „biu Wuaftehånnes!
biu Schnapphånnes! saugleyk gif us mol be Wüåfte
riut!" — „Nu, nu! wann ey fe wierhewwen wellt,
dann kritt fe ug un terreytet fe met Gefunbhait! Ab=
jüs!" — „„Nä, wachte nau 'n wennig, biu faft Ge=
fellskopp hewwen! Pulzai un Schabarme find sau foorts
hey."" — Jömmer Kinners! ey weert boch wuall emme
ehrliken Menften sau kainen Schmoot nit anbaun? lotet
mik gohn! ik well ug ok Alles wiergiewen! be Mett=
wüåfte well ik brengen, ugen Hahnen well ik ug be=
taalen, Anten well ik ftiållen un giewen ug be uggen
berwan wier, bat Eyfern well ik van Maiern wierhalen,
et fall ug kain Lüns amme Wagen fehlen, — awer
lotet mey bai Kerels vamme Balge, bai twåierlai Wand
amme Rocke het!"" — „„Ah sau, Bügelken! in beyme
åigenen Woorbe verråfte bik? awer fuih, bai Kerels met
blåm rauen Kragen find all bo! Glück oppen Patt!""
Un Hånnes kräig eyferne Hansken an, Pulzai un Scha=
barme gengen ter Zierroth rechts un links, sau genk et
buår't Duarp runner, un alle Blagen, bai Båine hab=
ben, laipen hinnerhiår, joilten un flotten un raipen:
„Sau aarme afe be Wiåg, sau barwes afe 'ne Gaus,
awer sau ehrlik afe be Sunne!" Am andern Dage
tuckede Schnapphånnes te Breylen imme Rootfe[6]) buår
eyferne Ruitkes, un hiåt fik, afe feyn Johr rümme was,

4**

imme Duarpe nit wier faihn loten; hai was verftuaw=
wen un verfluaggen. Bo fe 'ne awer het, bo konnt fe
fik fröggen.

———

Schnapphännes im feyb'nen Haue.

———

Diär Schnapphännefe giet et ok unner fülken Luien,
bai nit in der Sponeere bufelt un Knuacken faiket. Et
was mol 'ne Dokter, bai foh ümmer tau, wanne iutem
Wäiertshiufe häime genk, bat hai 'ne gubben Haut met=
träig. Äinsmols bo fochte hai fik auk wier den beften
iut, bai an der Wand henk, lait feynen fchärwwigen Filz
hangen, bo hai gutt füär was, un woll fire ter Düähr
riut. Daiginnige awer, biäm be Haut horte, harr'
kainen Sand in den Augen, fprank op un raip: „Heer
Dokter! ey het ug verbohn: et is meyn Haut!" —
„„Näi, gubbe Frönb! et is meyn Haut!"" — „Näi,
Heer Dokter! gloiwer't mey ments!" — „„Näi, näi,
gubbe Frönb! gloiwer't mey ments!"" — „Awer, Heer
Dokter! meyn Name ftäit der jo inne." — „„Bat? uge
Name ftäit derinne? hal der Duiker, et is wohr! awer
bann begreyp' if boch in der Welt nit, biu uge Name
in meynen Haut kümet."" — „Dann gutt, Heer
Dokter! fau lange af' ey bat nit begreypen konnt, fau

lange well if btän Haut füär mik behallen. Un be Dokter mochte, geren ober ungeren, feynnen äigenen Schaw=wesbiekel oppen Kopp brücken un faggte fire Abjüs.

Niägerbehler Landbag,

bo van allerhand schoinen Saken: Schiewerstäinen, Kiär=miffe, Sprickeln, Tunder, Verkoppelung, Päiterzilge, un fau berhiär, kuiert weert — gar anmaibig te liäfen.

Et was te Brunscappel, im Ruffesken Saal,
Do kam tefamen bet Niägerbahl[1]);
Sai kemen tehaupe van Nog' un van Feren,
Un feeten fik faste bey'm bloen Tweeren.[2])
Dann stont wual Äiner vam Staule opp,
Satte nau äinen Kloren beropp,
Hauftere dann in feyn Wiftelbauk
Un helt ene Rede, gelohrt af' en Bauk:

„Ey wietet, et is us 'ne Schmoot[3]) anbohn,
Diän konn vey nit loten fau hennegohn,
Un bai fit füär Aerger nit well terreyten,
Diän föll me fau foort op be Niägebe schmeyten.
Dai Menske, bai „Sprickeln un Spöne" högget,
Hiät fauviel Redens iuteströgget
Wual üwer bat flunkerge Strunzerbahl,

Diäß is kain Enne, un is kain Tahl;
Un vey sind woren sau raine vergiätten,
Ase härren ve genten in Rußland siätten.
Dai Strünzers un vey het doch äinerlai Wiärk,
Un tüsker us is ments 'ne äinzigen Biärg,
Do kann doch dai Strunzerwind rüwerstreyken,
Un de Narrenspauk wual üwerkeyken.
U s jücket de Flieren⁴) sau gutt, ase dai,
Vey maket Sttraiche sau dull, ase sai,
Het usen Fastowend no iärem Kaländer
Un liäwet gariut no demselftigen Schländer :
Vey danzet jo no dem Meskeder Baß,
Un schmaiket den Velmeder Varinas,
Un het van Allers hiär graut Plasäier
An Bigge'sken Krengels un Asker Bäier.
Vey harren alltext gubde Nowerskopp,
Un hellen nau kainmol be Niägede opp;
Un bliewe dai iute, dann genge temole
Järe ganze Ruhr in 'ne Kaffeschoole.
Vey het ok verlieden⁵) (sau hell' vey beynäint)
Den Askern usen Pastauern läint;
Op usen Wicken, bo friättet sik
De Strunzerbehler Diuwen dick
Un flaiget dann häine met vullen Kröppen;
Un met den Brunscäppelsken Kattenköppen⁶)
Do weert op der Asker Hilgenbracht
Wual äist det rechte Spittakel macht.
Bat is be Dank?!! — bo kümmeste recht!
Och Gnatt! be Welt is verkummen un schlecht:

Dai „Strunzerbehler," dai Sprickelmann,
Hai bött, ase wüßte van niren van,
Un hiät Brunscappel sau biuten am Rand
Un ments met anderthalf Woorden nannt,
De Wullmerker auk nit anredäiert,
Ase biu sai van Odam woorten faräiert;
Van Sielenkhusen kain Stiärwenswoort,
Ase härre seyn Liäwen der nix van hoort,
Mit hundertmol do rümme=pannkauket
Un mannig Päcksken Tuback verrauket;
Van den Silwesken hiätte gariut nix saggt,
Nau nit met der Feeßen⁷) an Silweke dacht.
Us sau te blamäiern?! — us sau te verschweygen?!
Me söll der fuär Aerger teviel van kreygen!
Dat is niu 'ne Prohl in der Strunzergrund!!
„„Bey sind de Keerels!"" sau hett et gißund;
„„Saiht hey! do stäit et jo schwart op witt!
Fit, fit! ey Niägerbehler! fit, fit!
Ey gellt nit met, ey mottet ug schiämmen
Un artig fuär us be Kappen afniämmen!""
Van Meskede bit no Niestfelle ropper,
Do het s' et niu braimol sau haug' imme Koppe;
De Asker, be Bigges'ken raupet tehaupe:
„Häißa! juchhäißa! bey stoht imme Bauke!"
De Weymerker kummet sau stump berwan awe,
Un krägget doch met af' en Winterrawe;
Un selwer det Strunzerbehler Bäih,
Dat bölket niu met eine wahnen Buchäi⁸).
Bey stoht bo no armen Sünders Art,

Dai „biuter ben Krink"⁹) begrawen wart.
Un Jeder, bal fuär fäß Groſten Gelb
Dat Sprickelbaikſten ſik beſtellt,
Dai maint, ven können wual anbere Saken,
Doch kaine geſchaibte Dummhait maken,
Vev laiten ſau Alles bäihmaibig geſchaihn
Un möchten im Himel be Goiſe hai'n.
Näi! ſauwat lot' ik op m e v nit ſitten!
Ik henw' imme Koppe boch mehr Conbuitten;
Un ev temol wietet boch auk gewiß,
Un bat be Welt kaine Huaſe¹⁰) is.
Jä, wörten ſe mol tehaupe ſummäiert,
Dat Straiche, bai hev bev u ʒ regäiert,
Et kemen te Dage Flieren un Schnaken,
Me könn ber be ſchoinſten „Sprickeln" vau maken.
Doch m e v n e Rebe is woren ſau lauk,
Dat be Schwäit mev ſlütt üwer'n Rüggeſtrank;
Drümme mug' ev Anbern mol Prauwe hallen,
Dat ev a u k nit oppet Miul ſevb fallen." —

Hai ſatte ſik biäll un ankebe ſehr,
Dat ſevne Struatte ſau broige wör,
Jaggte ben Wäiert foort fuär'n Tappen
Un nahm ſik R u ſ ſ e ʒ k e Magenbruappen.
Dann awer boh iut ben Wullmerker Revgen
Cn anber Prophäite ben Staul beſtevgen:

„Bev Wullmerker ſind ſau wevſ' un klauk,
Ackroot aſ' en Pol'ʒk Geſangebauk,

Un sind biärümm' imme ganzen Land
Met usen „elwen Sinnen" bekannt;
Diär schoinen Namens gar nit te gedenken,
Dai us de Strunzerbehler dott schenken.
Auk sind use Strooten sau nette geploostert,
Do gäit me sau wäil, as' in Buter un Mostert,
Un in dem bekannten „Schlächters Schlaut"[11])
Do bliewen all Mensken un Guile daut.
Bey Wullmerker sind ganz rore Betahlers,
Bey us regäiert nau hültene Dalers,
Use „Sente Kloos"[12]) hiät äinen dervan,
Diän iämme kain Menske nit wesseln kann.
Un Linken[13]) slällige Biärebaum
Sall äiwig behallen seyn Luaff un Rauhm;
Denn jeder Jung' iuter Asker Grund
Hiät praiwet met seyme selfäigenen Mund,
Wann sai us ter Kiärmiß de Flaigen[14]) brachten,
Biu saite dai güllenen Biärkes schmachten.
Un selwer diän Sprickel= un Spönemann
Diän saih' ik der nit te gutt füär an,
Hiät auk biär Biären op seyme Gewieten
Un mannizen Knüppel berinne schmieten."

Do schnackern de Andern tehaup' in de Hänne
Un trampern füär liuter Plasäier de Wänne:
„Joh! sülke Dinger sind sieker werth,
Datter nau andere Luie van hört;
Bey konner't biäm Mensken doch nümmer vergiewen,
Dat hai et nit hiät in de Sprickeln schriewen." —

Dann awer boh iut den **Brunscäppel**ſten Reygen
En ander Prophäite den Staul beſteygen:

„Un iß dann van uß nix bekannt in der Welt,
Aſe bat bey'm „Ruſſen" de Branntweyn gellt?
Waß bo, taum Exämpel, dann nit te vermellen,
Biu vey mol ſchoine Proſſiaune hellen?
Un biu et bobey an te ſchniggen ſenk,
Dat uß ſau Hören un Saihn vergenk?
Un biu vey bo alle ſind iuterieten,
Den „Sente Boots" 15) innen Gelſter 16) ſchmieten,
Un biu vey ohne Patraun ſaubann
Kemen terhäim' in der Kiärken an?
Sau wör' ok nau 'n rührend Stücksken gewiß,
Te ſeggen, bannehr uſe Kiärmiß iß.
De Aſker richtet ſik no Jokauwe,
De Weymerker no dem Johanneslauwe,
De Sielker ſik an Laurenzi hallet,
De Wullmerker, wann be Flaigen fallet —
Doch v e y — vey fiert un maket Juchhai
De leßten brai Dage füär'm äiſten Schnai;
Un wann v'et tem äiſtemol ſchniggen ſett,
Dann wiete ve, ſin ve der ferrig met,
Un goht no'm Ruſſen un brinket „klor"
Un braiget 17) uß wier oppet andere Johr." —

Do ſchnackern de Andern tehaup' in be Hänne
Un trampern füär liuter Plaſäier be Wänne:
„Joh! ſülke Dinger ſind ſieker werth,

Datter nau andere Luie van hört;
Vey konner't biäm Menſken doch nümmer vergiewen,
Dat hai et nit hiät in be Sprickeln ſchriewen." —
Dann awer boh iut den Sielker Reygen
En anber Prophäite den Staul beſteygen:

„Vey het boch alſümmer Keerels hat,
Do harr' uſe Hiärrguatt 'ne Kopp opſatt:
Tem Beyſpiel: be ſtällige Ebmund Büchte,
Dai was wahrhaftig en Lecht in ber Lüchte,
Harr' ſauviel Sprickeln un Spön' imme Koppe,
Et könn ber en Stuark ſeyn Neſt met ſtoppen.
Un ſüller is nau 'ne ganze Reyge,
Me könn ſe tellen no Schock un Steyge.
Un bat vey alle biär Straiche maket,
Füär giälle Dukoten no Pännigen raket,
Met ber Seye Speck no ber Mettwuaſt ſchmitt,
Beweyſet bat uſe Verkoppelung nit?
Vey harren ſüs auk en ſchoin Stück Land —
Do hevvey us an be „Heerens" verwandt;
Dai meeten un meeten met Stock un met Wooge
Un harren ſäß Johr' iäre laiwe Ploge;
Do worte kalfaktert, to worte taxäiert,
Do worte geſchriewen un biſpetäiert —
Do laip us äiſt uſe klaine Geld,
Un bann ok bet graute in alle Welt;
An't leßte bo mochten vey Wiäge buggen,
Un bo vey bann enblik kemen ter Ruggen,

Do konn 'me diän ganzen laiwen Gewinn
Stoppen ackroot in äin Nasluack rinn." —

Do schnackern be Anbern tehaup' in be Hänne
Un trampern füär liuter Plasäier be Wänne:
Joh! sau 'ne Straich is alläin' all werth,
Datter be ganze Welt van hört;
Bey konner't diäm Mensken boch nümmer vergiewen,
Dat hai et nit hiät in be Sprickeln schriewen." —
Dann awer boh iut ben Silweker Reygen
En anber Prophäite ben Staul besteygen:

„Bey Silweker sind boch auk nix Geringes,
Un Silbach is en bebuient Dinges;
Un hevvey Market, dann is be Plunder
'Ne äinzige Bub' un en Keerel met Tunber.
Bey us, bo wässet be Rogge nit sehr,
Doch Schiewerstäine ments biäfte mehr;
Domet is beploostert sau mannige Diäll,
Un allen Musikanten beschlagen be Kiäll',
Sau bat se konnt blosen bral Dage bet Horen
Un brinken un stupen bit üwermoren.
Verlieben ok mochte sik Lippstabt un Briämmen
Wual füär bem Silwesten Handel¹⁸) schiämmen;
Do spielten vey sümmer be äiste Bigleyne
Un wören sau nobel un wören sau seyne:
Do lait sik bey'm Wälerbe ginne Mann
Bey Dage stläcken twäi Lechter an,
Den Disk sik becken schnaiwitt un prächtig,

Un brank dann seynen Schnaps grautmächtig.
Do was hey en Liäwen!! juchhai, Kamerod!
„Rinderwuaſt un Koppſaloot [19])!" —
De güllene Teyt is freylik verbey,
Dat wäit kain Menſke ſau gutt aſe vey;
Un ſierbiäm det Gewiärwe twiälf Daler koſtet,
Do is us be ganze Handel verroſtet;
Un b o ch is nau mannige Handelsfamilge,
Dai mäket Geſchäfte met Päiterzilge."

Do ſchnackern be Andern tehaup' in be Hänne
Un trampern ſüär liuter Plaſäier be Wänne:
„Joh! ſülke Dinger ſind ſieker werth,
Datter nau andere Luie van hört;
Vey konner't biäm Menſken doch nümmer vergiewen,
Dat hai et nit hiät in be Sprickeln ſchriewen." — —

Dat wören bai Reben, bai vielgelohrten,
Dai botemolen hallen worten:
Un wann bat Riägerbahl lenger wör',
Dann härr' et biär Reben ok gaft nau mehr.
Riu tügen ſai all' ene weyſe Raſe
Un kieken bebächtig un ſtur intem Glaſe,
Het bann ſik äinen runner guatten
Un „van Gemainbewiägen" beſchluatten:
„In Anbetracht, bat bai Sprickelmann
Rau nigge Sprickelen hoggen kann;
In Anbetracht, bat hai ſüs ümmer im Land
Was aſe 'ne örntliken Menſken bekannt;

Un weylen äin Niägerbehler Magister,
It wäit nit, seyn Brauer iß ober seyn Süster:
Sau lote vey Gnobe füär Recht geschaihn
Un welll naumol büär be Finger saihn.
Doch weert iämme heymet anebrögget:
Wann hai wier Holt tau Spönen högget,
Un use bullen Straiche nit auk
Lätt brücken in bat nigge Bauk,
Sau bat vey boch auk tau Lechte kummet
Un bey der Welt in't Geröchte kummet:
Dann well vey van iämme nix föbber wieten,
Dann iß use ganze Frönbskopp terrieten.
Un kummet hai üwer Pastauers Wiese
Un well bey'm Rusten ter Düähr rinn biesen,
Dai sall iämme kaine Drüppel tappen,
Un jagen 'ne, bat iämme flaiget be Lappen;
Un wann be Brunscäppelsken Kiärmesse het
Un schmurt un brubbelt in Uallig un Fett
Un mächtig unner be Pötte stuacket,
Dann weert füär iänne nit mebbekuacket. —
Düt Urtel, gespruacken no rechter Mooten,
Dat well vey liäserlik schreywen loten,
Un use Siegel berunner brücken
Un iämme per Estaffette schicken." —

Bo bat van der Säile runner was,
Lait Jeder sik kummen 'ne Frisken in't Glas,
Un hellen üwer sik selwer temol

Un iäre Conbuitten[20]) 'ne wahnen Prohl,
Drünken bann iut ben leßten Druappen,
Un habben ben Ruſſen ganz broige ſuappen. —

Antwort.

An be ehrwürbigen Niägerbehler Lanbbagß=Düppenbirke.[1])

Jeber Menſke mott ſik ben Puckel raine hallen. Jk
woll mik wual wahren, bat if uge bullen Straiche nit
in be Baiker brachte! In ugem „Schmantbuile“[2]) waſſet
Biärken un Hiäſeln, un it mott mannigmol üwer be
Niägerbrügge un üwer Paſtauerß Wieſe ropper — if
hewwe meynen Puckel nit ſtuallen; hai hört mey äigen,
un iß ſehr empfinblik; if woll mit wual wahren! —
Un niu?! jä, bat me boch alleß te hören kritt! Nin ſin
ey blißig woren un bitterboiſe, un ruppet mey binoh
be Hoore vamme Koppe. Un brümme? Füär. meyne
Gutthait! — Het bo grauten Lanbbag hallen, Reben
hallen, ben armen Strunzerbehler iutſchannt, klaget un
karmet,[3]) if härr' ug vergiätten, brögget mey, bat mey bet
Fell oppem Leywe biewert — Kinnerß, näi, if begreype
ug nit! Awer gutt! — beß Menſken Wille iß ſeyn
Himelreyk, un if heww' ug niu ugen Willen bohn. Jk
hewwe mey vertellen loten, bat op ugem Lanbbag ter

Sproke kummen is, bat ey filär Spargitzen van ug selwer annen Dag gafft het, un hewwe den Kopp in de Hand nuammen un Alles in Reyme satt, un heww' et in Poterbuarn brücken loten. Niu weer' ey wual tefriän seyn, un well ey tin Fastowend en örnt= lik Stück oppfoiern, dann briuk' ey nit in Verliä= genhait te kummen. Uge strenge Urtel awer weer ey niu ad acta leggen; denn ik well ug ümmer te Gefallen seyn un daun, bat ey ments hewwen wellt; vey sint jo äinerlai Luie, un ik sin un bleywe met Griuß un Kumpelmänte

    .   uge Vebber un laiwe Kumpier

✝ ✝ ✝

Vermerk. Vorstehendes Handzeichen des lese= und schreibunkundigen Autors wird hiemit beglaubigt.

(L. S.)   Der Schultheiß.

Fierdagespriäcke op 'ne allen Sprük.

> „Lange lange Reyge,
> Twintig op be Steyge,
> Diärtig op den Juffernkranz,
> Vertig op den Rausenkranz."

Sau süngen in allen Teyen de klainen Miäckses,

un dat Dinges harr' seyne Richtigkait. Dai schoine
Sprük is ganz inter Maude kummen; brümme? Jä,
froget dai jungen Schüätters mol, wann se iäwen iäre
Schaulbaiker innen Schuatstäin hangen het — Augen
ase Waßlechter! bo löchtet se met rund ümme no allen
triusen Burßen, hiäget sik un kraffet sik op un spaigelt
iärk¹) in iärem äigenen Schiem²); un sik met dem Juf=
sernkranz op biärtig Johr vertroisten?! jä, kumm diu
bohiär! sai lachet dik iut un latt der bik beystohn.
Kümmet dann awer Kainer, freylik, dann wachtet se
nau'n Wennig; un kümmet dann nau Kainer, nu joh,
dann wachtet se nau'n Wennig, un wachtet bit biärtig,
un wachtet sik in't alle Regifter rinn. Kummet endlich
de Vertig, dann wellt sai ümmen Duiker nau nit an
den Rausenkranz denken, af' in allen Texen, un hanget
sik brunwelbicke Locken ümme de Ohren un Zaloppen=
baiker³) üwer den Nügge, dai üwer be Eere schliepet, un
schennet alle Miäckskes iut füär aik un üwel, dai all met säß=
tain Johren vamme Juffernkranze baukstawäiert un tüsker
nigentain un twintig nom Paftauern gott un det Aff=
raupen beftellt. Wann dann awer det Gesichte ümmer
lenger un schraapriger weert, un bat Böördeken unner
der Nase ümmer stoppliger, un wann biär roftrigen
Strieke ümmer mehr op de Backen kummet, un de Spai=
gel auk an lefte nit mehr laigen well — dann endlik:
„Heer, deyn Wille geschaihe!" un be Rausenkranz wert
focht un tem äiftenmol met Andacht biätt.

Ik maine, vey maker't sau: bai Schüätters, bai
sau wieplig sind un ufen Sprük verbrägget un fingen

wellt: „twintig op den Juffernkranz," dai schicke vey
alltemole no der allen Bruinsken te Affinkhufen in
de Lohr; do hett' et fau: „Bruinske! follt üge Döchter
nau nit friggen?" — „„Auh batt! friggen, friggen! iß
der füß niy? ufe Miäckens find nau junk!"" un wören
biärtig Johr un nigen Maimonde alt, un be ölleste hiät
doch nau iären Kunrod kriegen. Un dai Andern, dai
met vertig Johren nau met Hännen un Faiten trampet,
un fik füär dem allen Bauke wiährt un iären Daupe-
scheyn verloichet, dai brenge vey oppem grauten Lebber-
wagen no Ammegraitken op der „Fiulebutter",
dat waß det aifkeste Menfke imme ganzen Amte, un
faggte: „Vertig Johr fin ik nette wiäft füär an de re
Luie; niu well ik äift nette feyn füär meynen äigenen
Kopp." — Guatt troiste alle allen Juffern. Amen!

Of bat villichte dai Priäcke wiäft iß, dai Gehannes van Duinskede alle Sundage hallen hiätt? me
föll't binoh gloiwen. Ey kennt gewiß dai Geschichte:
Hai was mol no'm Ginerolvikarges te Düx⁴) invit-
täiert un foll fik verbeffendäiern üwer düt un dat, ab-
funders awer, dat hai alle Sundage, dai Guatt weeren
laite, äln un daifelftige Priäcke helle. Hai was klauk
un nahm fik twäi rechte Schlautenträmpers⁵) van Duinskede met. Un afe de hauge Heer frogede: „fagen Sie
mal, mein lieber Confrater! man hat mir gefagt, Sie
predigten alle Sonntage daßfelbe," bo faggte Gehannes:
„Segg mol, Kaßper! bat heww' ik den leßten Sundag

priäcket?" un Kasper amsede: „Heer! it wäit der nix van." „Dann segg diu mol, Graitken! hat heww' it velieren Sundag priäcket?" Un Graitken amsede: „Heer! it wäit der nix aff, un wanne mik dautschlatt." — „No," saggte Gehannes, „Heer Ginerolvikarges! niu segget ey mol selwer: wann it alle Sundag dat Nem= like priäcke, dann behallet dai dummen Buren nix; un wöll it niu alle Sundage wat Anders seggen, dann be= hellen se twäimol nix. Jä, gloiwet ments Heer! it sin piffig un kenne meyne Schoope." —

Sau is et! et gitt Priäcken, dai begreypet sik schwor; un it wäit, wann it use Fierdagspriäcke ok nau hun= dertmol hallen wöll, de Miäckens van Twintig, un de Juffern van Vertig laiten sai doch wier in de Hoore gohn. Jä, me segge dervan!

––––––––––

Klaiwen is et Handwiärk.

––––––––––

Ginne Frugge op der Silweke harr' den Mürker, dai mochte iär de Stuawe witteln un de Wänne iut= klaiwen füär'm kallen Winter. Sai satte Schnaps, Buter un Braud tau'm Froihstücke op, un use Mester Klicker sträik de Buter fingerdicke. De Frugge soh met Angest tau, biu dai schoine Welter[1]) oppem Täller ver= gent, ase wann de Sunne dropp schiene, un konn't nit

5

verschmiärten un saggte: „No, Mann, ey klaiwet awer
gutt!" — „„Joh, Frau! if verstohe meyn Handwiärk.""
— „Et is awer Buter!" — „„Joh, Frau! dat schmeck'
if wual."" — „Det Punt koftet awer nigen Groften!"
— „„Frau! dat iffe ehrlike werth."" Un hai bläif
amme Klaiwen, un be Frugge laip füär Speyt²) iuter
Stuawe.

Verhaiten, un nit verfuiern.

Daiselftige Mürker was 'ne zünftigen Mefter imme
Laigen un dachte: verhaiten, un nit verfuiern, dat is
be Kunft berban.

„Näi, Mefter! niu härr' if doch enblif geren Beschäib, bannehr dat ey mey be Stuawe witteln wellt un
ben Kauhftall iutschmiären; if mott ber en Enne van
hewwen."

„„Nower! verlootet ug bropp: tinne Wiäcke be äiften
Dage! Monbag un Dinstag tworens nit — Freybag
un Sunnowenb awer ganz gewiß.""

Un bann hofte¹) me auf nau nit allte eylig te seyn
met Kalfleßken un Läimenfoiern.

Schoine gedruappen.

M'riefranz[1]) harr' twäi Holthöggers in der Ar-
bet, un satte biän baiden des Middages en Kattennäppken
vull Tuffeln met der Miällbrögge fuär un genk ter
Stuawen riut. Dat was, ase wann de Kauh 'ne Him=
merte schluiket, un sai wahrten be Düähr, of M'riefranz
nit keme un naumol oppfüllte. Sai awer kam rinn,
wünskede Prostemohlteyt un schlaug fuär Plasäier in be
Hänne: „Jömmer joh! bat frögget mik awer, bat if et
bün Middag sau ackroot bruappen hewwe! kain Tuifelken
teviel schallt, bat frögget mik — näi, bat frögget mik!"
— Dai Baiben tügen en lauk Gesichte un woorten hel=
lesk schläih oppem Tahn. „'Ne schoine Sake — mainte
bai Äine — wann emme sau ackroot wiesen weert,
wamme saat is!" un be Andere saggte: „Wann't mol
wier sau kümmet, bann kann se ben Napp wahren, süs
iätt' if 'ne met." Un sai gengen riut oppen Holtplaß
un vertroisteren sik oppen Kaffäi. —

Van der allen Welt.

Bo be Welt met Briähren[1]) tauschlagen is, genten
in ber Holthamerseke, bo liet en Äinhuaf, genannt

X—Y—Z. Do kam kain Menſke henne, aſe alle Ju=
beljohre mol en Pottkremer, un ümme Mittfaſten de
Köſter, dai ſik be Auſteregger haalte. Oppem Huawe
ſtont en Kapelleken, dat harr' all ſier fiftig Johren
kainen Verdennſt mehr, un des Sumers worte derinne
ſchmenget²), un des Winters Flaß reyſtet. Kaländers
wören nau kaine Maube. Kain Wunber, wann bo be
Luie te X—Y—Z altens in ber Teyt verkamen. Aines
Muargens fengen be Knechte un Miägebe an, ben Kauh=
ſtall te miſten. Bo ſai binoh ferrig wören, ſell et ber
Frugge ſchwor oppet Hiärte, et könn wual ſau ungefehr
be Teyt van Chriſttag ſeyn; benn be Dage wören ſau
kuart, aſe ſe weeren konnen, un et was ſäß Wiäcken,
dat Knecht un Miägebe inngohn wören. Sai harr'
enen Knecht, bai hette Giärke, biäm raip ſai tau:

„Giärke!

Steyg' op be hauge Biärke,

Suih tau un miärke:

Is Chriſttag,

Ober Miſttag?"

Un Giärke ſtäig oppen Baum un wahrte van feh=
ringes ben Friggeber Kiärkenpatt. Do kamen be Luie
van allen Ecken un Kanten ürwer Lanb, be Mannsluie
in blanken Kierels, be Frauluie in rauen Röcken, bloen
Schüärten, un Salvetten³) ümme ben Kopp, met bem
Sangebauke unnerm Aarme. Do raip Giärke, batte
raupen konn:

„O Frau! Frau!

It ſaih' et genau:

Et is Christtag,
Un kain Misttag!"
„Heer, vergief us be Sünne!" raip be Frugge. Un
sai brügen ben Mist wier innen Stall, wösken sik un
kemmeben sik, tügen sik sunbagest an, schlüten bet Hius
oppen Balken, un gengen no ber Frigget taur Kiärken. —

* * *

Froihjohr.

De nigge Teyt is kummen hiär
Met Sunnenscheyn, met hellem Wiähr,
Met klorem Maienriägen,
Met Guabbes vullem Siägen.

Wual siet be Baukfink: witt witt witt!
Bey awer singet: nit nit nit!
Et sall op weyer Eeren
Niu grain un lustig weeren.

De anbern Bügel in bem Wald
Het us ganz anbers wat vertallt,
Un singet liuter Sumer,
Un Sumer, ümmer Sumer.

Kain Schnawel, bai verschluatten blitt —
De Droßel kann fuär Wiällmauth nit
In büsen Fraidenteyen
Sik loten ober leyen.

De Schwalen in der Lucht vertellt
Viel Nigges iut der weyen Welt;
De Nachtegall abfunder
Wäit Wunder ümer Wunder.

Do mott et blöggen met Gewalt —
De Stäine meuts, bai bleywet kalt,
Un fülke Lui' alläine,
Dai selwer sind van Stäine.

Bey sind nit iutem Stäine hoggt,
Un het us gleyk tau'm Kranze socht
De Blaumen op der Haiben
Un hunbertbiusend Fraiben.

––––––

Mannshand is uawen.

––––––

Enne wohre Geschichte, un nützlich fuär Jedermann.
— Viel lustige Braiers seeten im Wäiertshiuse un laiten
sik wuall seyn. Dobiuten blais de Wächter de Taine,
un Thommes Weywerfrocht nahm Stock un Müßte

un ſaggte Gurr'nacht. „He!" raipen be Andern, „he!
ſaiht, hai mott häime! ſüs ſchennet be Frugge un ſchlütt
iären Thommes acht Dage op be Specfamer! Recht
ſau! en artig Kind gäit häime, wann be Köſter lütt!
gäit met ben Haunern te Bebbe un ſtäit met ber Sunne
wier op! Wann boch meyne Frugge auf ſau 'ne Mann
friegen häbbe! ſau 'ne äinzigen Mann! ſau'ne güll'nen
Mann! ſau ſainig aſe Seyde, un ſau ſaite aſ'en Nütken!
Gurr' Nacht, Thommes! gruiß us beyne laiwe Agathe!"
— Thommes worte rauth aſ'en Kriwek, henk ſeyne
Kappe annen Haken un ſatte ſik wier in be Reyge.
„Jö!" raipen be Andern: „Mannshand is uawen!
Thommes Weywerfrocht tütt be Büre an! no, bann
gäit be Welt unner, ober Thommes is faige [1]). Batt
'me nit all erliäwen kann! No, Brauer! bann loot
bey ok nau 'ne Schoppen kummen, bann ſtaute bey an
op beyn nigge Regimänt!" --- Thommes käik bebraiwet
üwer'n Diſk un ruckte op ſeyme Staule heun un hiär.
„He!" raip äiner: „wiete bann nit, bat ſeyn Vermügen
füär bün Owend tem Enne is? alle Owend äinen Säß=
bätzner op be Taſke, un kain Joiſteken mehr! jä, ſeyne
Agathe is weyſ' un genau un hiät ben Kufferſchlütel
ümmer imme Boßmen. Thommes hiät Fierowend un
ſall us taukucken!" Dat gafft' en Gelächter, bat Gliäſer
un Kräuſe [2]) oppen Diſken rappelben; Thommes awer
ſprank op unb raip: „Dat Schrotzen [3]) ſall en Enne
hewwen! Et gelt 'ne Kraunbaler: if goh häime un
brenge nau bün Owend tain Daler Gelb, un bai Kraune
weert verbrunken!" — „„Et ſall en Woort ſeyn!""

fäggten be Anbern, un Thommes peck feyne Müßte un laip ter Düähr riut. „Gurr' Nacht, Thommes! fchlop gutt! bit moren!" raipen be Anbern. „Näi," faggte be Wäiert, „hai is 'ne Schablünter⁴) un hiät allerhanb Kniepe imme Koppe! ik gloiwe, ufen Kraunbaler finbe kweyt." —

Thommes kam häime un trampebe ter Trappen ropp af' en Dragiuner. Seyne Agathe laggte lengeft imme Bebbe un bachte: „No, bat is bann bat? hai trecket jo füß, wanne late kümmet, be Stieweln an ber Düähr iut un kruipet ter Trappen ropp afe 'ne Katte." Hai kam in be Kamer, un Agathe fenk all an te prluften un machte ben Füärfprük tau iärer Garbeynenpriäcke; ik gloiwe, iut bem Bauke Leviticus; un be Anrebe hette nit: „liebe Chriften," funbern: „biu Nachtfpauk! biu Rawenvatter, bai Frugg' un Kinner imme Stieke lätt! bo bleyweste wier un breywest bik in ben Wäiertshuifern rümme un ruffeft op ber Bäierbank? fchiämme bik watt! awer in bey is kaine Schiämmebe mehr! et is boch in ber twiälften Uhr! ajaffes!" — „„Joh, Agathe! biu hiäft ganz Recht, et is mey late woren; awer bün Owenb kann ik nix bertau."" — „Kerel! bai bann füß? ümmer follt Anbere be Schulb hewwen; jo wuall, bai geren banzet, biäm is lichte peypen!" — „„Do hiäfte ganz Recht, Agathe! awer wann be mainft, ik wör fau lange op meyn Plafäier iut wiäft, bann böfte mey Unrecht; näi, ärgert hewm' ik mik, mehr, afe wann ik fiewen Fruggens tegleyke härr'."" — „No, bat hewwe bann hatt?" — „„Bey het ben ganzen Owenb bißpetäiert

üwer de Religiaun; denk bey, dai rauchlaufen Kerels
fäggten, Agatha wör kaine Hailige wiäft."" —
„Biu? Bat? kai Käßers?! Agathe föll kaine Hailige
feyn?! Bat fäggteft biu dann?" — „„Jk faggte, et
wör 'ne Hailige wiäft, 'ne graute Hailige."" — „Dat
was recht; et is jo meyn Patraun! Do föllen bai
Kerels boch ments imme Liäwen ber Hailigen opschlohn,
ben feyften Hornung, bo ftäiert jo weytlöftig, un bet
Bilb is berbey." — „„Joh, Agathe! bat mainfte dann
wual? bo niämmet fülke Käßers en Liäwen ber Hailigen
in be Hand?! wann't 'ne Roman wör, ober „Sprickeln
un Spöne", jä bann...."" — „Awer, Thommes! et
ftäit jo ok in ber Lettnigge van allen Hailigen." —
„Joh, Agathe, bo biätt fülke Süpers 'ne Lettnigge?!
bann mott äis Auftern op Faftowends=Mandag fallen.
Awer biärümme kumm' ik grabe, ik woll beynen. „Kern
aller Gebetter" halen un weysen't 'ne imme Bauke;
bann mottet fe't boch wual gloiwen!" — „Joh, Thom=
mes, joh! bo böft' en gutt Wiärk! fülke Bengels follt
mey boch be Hailigen met Friähn loten! follt mey boch
meynen Patraun nit verunehren! Hey is be Schlütel;
pack in't Kuffer in be Beylaa,[5]) bo liet bet Bauk, un
goh un hogg' et 'ne ümme be Köppe!" —

Un meyn Thommes fchlaut bet Kuffer uappen un
peck in be Beylaa, äis no'm Gelle, un bann no'm Bauke,
fchlaut wier tau un gaffte Agathe ben Schlütel. „Nu,
Frugge, bit faugleyk!" — „„Goh in Guatts Namen,
Thommes, un fegg biän Keerels Befchäit, wann't ok helle
Muargen brüwer weert."" —

5**

„Manns=Hand is uawen!" raip Thommes ter Wäierts=
stuawe rinn, schlaug op be Taske un tallte seyne tain
Daler oppen Disk. De Gäste riewen sik be Augen,
un wollen iären bloen Wunber saihn. „Nu kann ik
ben Wäiert wier füär ben Tappen jagen!" saggte Thom=
mes, un laggte nau twäi gemaine Daler bey biän Kraun=
baler. Un sai brünken, bit be Sunne schäin, un gengen
bey Dage hälme.

De Himel well verbaint seyn.

„Segg mol, Hannobam! ik hewwe bik all lange
frogen wöllen: brümme west biu op beyne allen Dage
nau wual friggen? biu könnst et boch sau gutt hewwen!
kain Menske im Duarpe biätter ase biu!" —

„„Jä, bat sieste wual, un beyn bumme Verstanb
wält et nit blätter. Ik well't bey mol verbuttsken.
Suih: ik hewwe Hius un Huaff, fiftig Hauwen[1] Wie=
sewaß un hunbert Muargen Walb, liegenb Gelb, un
Gelb op Ränte — kurzum: ben Himel op Eeren. Awer
en örntlik Christenmenske mott ok ant Stiärwen benken
um sik ben Himel verbainen in ginner Welt — —
biärümme niämm' ik mey en Kruize, un well't briägen
met Gebulb. De Himel well verbaint seyn."" —

Hännes un Fribbrich.

„Fribbrich! biu gäit et?" — „„Auh — schlecht;
it hewwe sier Sunbag kainen Dirk[1]) mehr hat.""" —
„Hännes! biu gäit et?" — „„Auh, frog! sier
Sunbag kaine Drüppel mehr — läihn' mey 'ne Drüt=
tainer!"" — Sau karmeben Hännes un Fribbrich, wann
be Wiäcke bit annen Freybag kummen was, un wören
bes Sunnowens ganz macholle²) füär Duast. Un, wäit
use Hiärrguatt, bes Sunbages habben sai ümmer wier
en paar Kaßmänner beynäin schrappet un brächten se
in't Wäiertshius. Sau seeten sai of äines Sunbag=
Nummebags wier amme langen Diske, habben jeber
seynen halwen Oort füär sik stohn un kemen sau baip
innen Thron³) rinn, bat be anbern Gäste ments iäre
Plasäier an bün baiben habben. Fribbrich harr' all
seyne ganzen Künste maken mötten, Magnificat met
Fiugen oppem Diske spielt, un „Capuziner" bauksta=
wäiert — „Cäi=a, ka; päi=u, pi, Kapizi; Cäi=u, pu,
Katzipi; e=r, zer, Katzupiner". — „„He Fribbrich, biu
bist berinne verkummen! suihst et wual? biu kannst et
nit! 'ne greysen Kopp, un kainen Verstanb!"" „Bat?!
bat solle boch saihn! bann baukstawäier' ik biän Poter
naumol! Ehre, wem Ehre gebührt, Römer am brei=
zehnten." Un hai sent wier an: „Cäi=a, ka; päi=u
pi, Capizi,"" un sau föbber, un haspelbe sik sau raine
berinne tau, bat hai ben Faam nit wierfinnen konn.

Hännes worte tiärget⁴), dat hai be klainſte Keerel imme
Duarpe wör, 'ne Keerel aſe 'ne Puttällgenproſſen, un
harr' all oppem Staule ſtohn un ſik met ſeynem Pri=
kelſtocke miätten, un ben Staul mettriäcket. Un ſau
ſeeten bai baiben, Fribbrich uawen ſüär'm Diske, un
Hännes unnen ſüär'm Diske, grabe gigenüwer, un jeder
harr' en ganz Complöttken van Föppers un Tiännewey=
ſern richtopp ümme ſik ſtohn.

Paulus — wiete wual? it hewro' ug all mehr
vamme vertallt — harr' all lange in der Ecke ſiätten
un ſummäiert un ſimuläiert, ümme ſeyne Sunbag=Num=
mebags=Schelmeſtücke iuttelooten, un genk un halte be
Plaugleyne vamme Huawe, kraup unnern Disk un kru=
melbe ſau lange, bit hai dem Fribbrich ſeyne Bäine in
der Noiſe harr', un dem Hännes ſeyne auk. Sai
miärkeben nix; Hännes raip ments: „Bat ſparkelt bai
Hunb unner'm Diske rümme? Ruie, weſte riut?!" un
Fribbrich ſaggte: „Katz, Katz!" Paulus awer kraup
ſachte unner'm Diske benn un ſtont tüsker ben Anbern
ſau bumm un ſau miulöppig, aſe wann hai ſeggen
wöll: „i ck ſin amme ſiewenjöhrigen Kreyge kain Schulb
wiäſt." Dann genk hai bey Fribbrich ſtohn un ſaggte:
„Fribbrich! brink Hännes mol tau!"" — „Proſt Hän=
nes!" raip Fribbrich; „Ehre, wem Ehre gebührt; Römer
am Dreizehnten!" — Un Hännes ſaggte: „Wäiſte,
ſtäiſte, kumm an!⁵) Proſt, alle Junge!

Paulus: Awer, Fribbrich! hörſte nit, bat Hännes
ſiet: biu wörſt 'ne bummen Jungen?

Fribbrich: Auh — loot biän allen Schweynigel seggen, batte well!

Paulus: Awer, Hännes! hörste nit, bat Fribbrich siet: biu wörst 'ne rechten Schweynigel, un wann biu nit artig wörst, bann kriegeste wat oppet Fell?

Hännes: Auh — bai ruppige Junge! hai mey oppet Fell? segg, hai wör 'n Jfel, hai un seyn Vaar!

Paulus: Hörst' et niu wual, Fribbrich? hai siet, biu härrst kainen Vaar nit hat, un be Jfel härr bik iut ber Wanb schlagen.

Fribbrich: Bat? bat? bo stammet hai bann hiär? iut ber Läimenkiule, ober van ber Miste?

Paulus: Jömmer, Hännes! hai siet, biu wörst besuappen un träggerst, ase be Hahn op Schulten Miste."

Hännes: Bat siet bai Lappsack? ik besuappen? sau nöchtern, ase bes Muargens füär ber Haumisse! bat sütt Jeber, bai hey in be Stuawe spigget.

Paulus: Näi, niu benk boch mol an, Fribbrich! hai siet, biu vertiährteft hey nix, un spiggerst bem Wäiert ümmesüß in be Stuawe, biu wörst ne rechten Lappsack.

Fribbrich: Bat siet bai Liusefubbek? ick 'ne Lapp=sack? ick hewwe jeben Sunbag Owend meynen Hoorbuil sau gutt, ase hai, un betaale 'ne ehrlik." —

Paulus: „Näi, Hännes, bat is boch te arg! hai siet, biu härrst Luise un wörst nit ehrlik."

„Diusenb Schwerrenauth!" raip Hännes un peck seynen Prikelstock in be Hanb; „ick nit ehrlik?! verstäiste? wäiste? bai stiehlt bann Jiuben Nathan bet Ungel

van der Schlachtebiäll un schmiährt sik' be Schau ber=
mett? bai stiehlt bet Drüppelwaß in der Kiärken un
verkoiper't afe Brandsalwe? bai stiehlt be Kruizer vamme
Kiärkhuawe un bött ben Uawen bermett an? ick ober
hai? verstäiste, kumm an!"

„Heer! vergif mey meyne Sünnen! awer b i u" —
raip Fribbrich un knuffte baide Fuiste — awer b i u,
trotzige⁶) Junge, saft se mey boch nau nit füärhallen!
biu Krüpel! biu Untermaß, biän se bey der Musterunge
te Breylen vamme Rothse⁷) schmieten het! biän seyne
M'riggeleysebett imme Bebbestrauh verluaren hiät! bai
terjohren Hiärweft in Verlüß was, un tüsker ben Schwey=
netuffeln sünnen se 'ne wier! bai der Mageb füär
ben Beßmen kam, un sai kiährte 'ne met riut op be
Miste!"

Bo Hännes b a t hoorte, bo bohen iämme awer seyne
Leybören wäih; hai spronk op, peck seynen Prikelstock
un woll bem Fribbrich oppen Dak; un Fribbrich spronk
op un woll sik wiähren — biuß! sell Hännes üwer
seynen Staul terügge, bat be Liänne knappede. Hai
sochte seyne Knuacken wier beynäin, spronk op un woll
op Fribbrich an — biuß! schlaug Fribbrich bohenne,
bat be Staul in Fetzen genk. „Wachtet!" saggte Pau=
lus, „bai Staile sollt ug nit mehr hinnern!" un was
sau srey un taug Jebem seynen Staul unner benn,
un rette⁸) sik bann ter Stuawen riut. Niu spachelben
bai baiben an iärer Leyne un rieten, un balle knickede
büse in be Knaie un sell, un balle bai, un slaukeben
un raipen, un Hännes spaukede met seynem Stocke in

ber Luft rümme un ſtotte Gliäſer un Flaſken kaputt.
Un bo bai Anbern recht amme Lachen wören, — biuß!
bo ſchlaigen ſai baibe in be Stuawe henn, ſau lank un
ſau ſtump, aſe ſe wören, un be Diſk mett, un alles
mett, bat beroppe ſtont. — „Diuſenb Dunnerwiähr, büſe
beſuappenen Kerels!“ raip be Wäiert, bai grabe inter
Stuawe kam; Fribbrich awer ſaggte: „Antun, ſey
ſtille! ik ſin miuſebaut.“ — „Antun, ſey ſtille!“ an=
kebe Hännes, „ik ſtiärwe, un ſtoh meyn Liäwen nit
wier opp.“ —

Niu ſöll ik ſai äigentlik leggen looten, bo ſai gutt
füär ſinb; awer bo bai anbern Gäſte ſik ſaat lachet
habben, bo hülpen ſai biän baiben iut iärer Plaugleyne
un ſtallten ſai wier op iäre väier Bäine. Do awer
ſchlaug Hännes wier fräit⁹) in be Fitteke un kräggebe
af’ en Hiärweſthahne: „Bai hiät us bat bohn? bai was
bat, bai iäwen ter Stuawenbüähr riut laip? richtig,
Paulus was et, bai ſchraaprige¹⁰) Junge! ſuih, Frib=
brich! be Knuacken amme Leywe well ik iäme kuart un
klain ſchlohn aſe Kaffegrüß!“ Fribbrich ſaggte: „Recht
ſau, Hännes! Ehre, wem Ehre gebührt, Römer am
breizehnten.“ Un Hännes laip riut un kaip üwer Pau=
lus; bai awer ſprank büär be Schirmeke un tem Bauk=
holte ropper, un Hännes bröggebe met ſeyme Prikelſtocke
hinner iäme hiär: „Keerel, ſtäiſte? wäiſte, kumm an!
kuart un klain aſe Kaffegrüß!“ Bo Paulus awer nit
ſtille ſtohn woll, bo genk Hännes wier in be Stuawe,
un hai un Fribbrich brünken, bit ſe iuten Augen nit

mehr faihn un op ben Faiten nit mehr ſtohn konnen,
un Äiner lette ben Anbern häime.

———

Discurs no der Vesper.

———

De weyſe Lippes un ſeyne Nowers läggten oppem
Häithaupe[1]) un ſchmaikeren iäre Sunbag=Nummebags=
Peype. Do kam be Köſter des Wiäges: „No, Lippes,
bat geüt bann be Roth?" — „„'Ne Daler!"" ſaggte
Lippes. „„Nit wohr, Heer Köſter? bat was 'ne Priäcke
bün Muargen! Bat hiät hai't us ſaggt! bat hiät
hai be Schrift imme Koppe! bat wäit hai et te bren=
gen! Ik ſin gewiß weyſe — awer hai is et auk.
Un büſe Anſtanb! un bat ſtrullet 'me Alles bamme
Taane, aſe klor Water iuter Legge. Et is 'né äinzigen
Mann, uſe Paſtauer! Guatt erhalle 'ne bey Trauſte
un lote 'ne us lange geſunb! Sau ennen weert nit
wier junk, ſau lange aſe be Rheyn flütt." — „„No
no! no no!"" ſaggte be Köſter, „„hai hiärr't boch nit
alläine bohn! hai harr' gutt priäcken: ik harr' der
iämme tau lutt. — Awer bet Üärgeln[2])! bat hiät
ſchnurrt bün Morgen! be Engeln mochten bernoh ban=
zen! ik harr' awer ok alle Regiſters iuttuaggen, Prin=
zipal un Cimbelſteeren! Jä, wann ey bo nau'n Wöör=
beken van ſäggten! bat is 'ne Kunſt! un bai hört mey

alläine."" — „Oh, oh!" saggte Hanfranz Stu-
terbock, „oh, oh, un — un dat is doch auk nit wohr!
un — un it hewwe doch be Puisters³) triähn! jä,
un — un ey het be Nauten füär ug stohn! dann is
et kaine Kunst nit! awer Guatt ehr' mik! ik — ik —
ik trampe be Bälge, un — un hewwe be Nauten imme
Koppe."

Vaar un Suhn.

De Vaar saat füärm Uawen, un brait sik be Schienen, un be Junge laggte op der Bank un jäiwebe, ase
wann hai 'ne Haiwagen schliuken wöll.

„Vaar!"

„„Bat weste, Junge?""

„Vaar! ik wäit nit, biu mey weert — bet Miul
gäit mey liuter van sik selwer uappen."

„„Na, Junge, dann hör' ik et wual, ik mott bey'n
Stücksken vertellen gigen den Schloop. Dann hör mol
neype tau! As' ik nau in be Welt genk un met hülten
Näppen un Maußliepels husäierbe, bo kam ik ok no
Hawerspannigen, bo het be Füäske Steerte as' en Aarm
lank, un be Hunbe trecket Hansken an gigen be Külle.""

„Jömmer, Vaar! is dat wohr?"

„„Gewiß, Junge! biu weerst doch beyme äigenen
Vaaren gloiwen? Jä, un benk bey: bo sind be Immen

sau graut, ase bey us te Lanbe be Schoope, un flaiget
nit, näi, sai foiert op 'ner Jselkaar."„

„Jömmer, Vaar! biu konnt sai bann in be Bey=
kers¹) kummen?"

„„Jöß, Junge! bat brinkeft biu bo ümme te anken?
Do saißen sai no!""

„Jömmer näi, Vaar! bat is meyn Liäwen nit wohr!"

„„Junge! weft'et gloiwen, ober biu krift be Schwer=
renauth!""

„Näi, Vaar! un wann ey mey biusenb Daler giätt,
if gloiw'et nit."

„„Bat, Junge? heww' if bey bann meyn Liäwen
all wat füärluaggen?""

„Joh, Vaar, joh! all mehr ase äinmol."

„„Bat, verluaggene Junge? if? beyn Vaar?""

„Joh, Vaar! ey! — ey laiget, barr et sau knallet."

„„Bat?! biusenb schaiwe Nauth! sai wat mott if
mey seggen loten van sau 'me Bengel? sau kürft biu
van beyme Vaaren? Jä, gloif ments, bat härr' if
meynem Vaaren seggen söllen, bann —""

„Jä, ey sollt of wual 'ne roren Vaaren hat hew=
wen!"

„„Nirnuh! 'ne biättern, ase biu! bat gloif awer
ments! un biän faft biu mey boch nau nit schlecht ma=
ken!"" un hai gräip 'ne Spliete vamme Uawen un woll
bem Jungen bet Fell berai'n²); bai awer woorte sau
alliärt³), ase wann 'ne be Wispelten stuacken härren, un
rette⁴) sif ter Stuawen riut, un hiät ben ganzen Owenb nit
mehr klaget, barr 'me bet Miul van sik selwer uappen genge.

Schwamelbirk.
(En Faßtowendsſtück.)

———

Kasper: It schmeyte be Karten bohenne — dat Dippen[1]) is lankweylig!

Melcher: It sin's geren tefriähn; ey hett mik sau vake bäit[2]) macht, meyn ganze klaine Geld is scheywes[3]),

Balzer: No, wanne maint! it hewwe meyne drai Kaßmänner oppem Droigen. Awer häimegohn — botau is et boch nau te froih, use Ammegraitens het den Saloot nau nit rett. Saiht! bo gäit be Schwamelbirk[4]) füär'm Hiuse hiär; klopp 'me an't Fenster un raup 'ne rinn, bann wellve 'ne Schoopekopp[5]) maken, un loten us ben Dirk wat füärschwameln, bann hevve boch wat be gnäisen[6]).

Kasper: He, Dirk! hebo! bo weste bann hennebiesen[7])? biu west boch nit mehr in't Hai? suihste nit? hey strecket use Hiärrguatt ben Aarmen iut, bo braff me nit broige verbey gohn! kumm, kaup bey äist ennen!

Dirk: Auh — it woll no'm Schmittenjohann, bai soll mey iäwen büse Kauhkiege wiermaken. It sin eylig, be Häiere[8]) kümmet balle — eylig, eylig!

Melcher: Joh, bat hört 'me au beynem Kuiern, biu japest jo örntlik no Ohme — kumm, brink boch äist mol!

Dirk: Mainste, et wör wual gutt? No bann! it well rinn kummen, awer ments seyf Minuten — kaine Kitze[9]) lenger! Eylig, eylig!

Balzer: Gurr'n Dag, Dirk! Keerel, biu schwefte!

Dirk: Jä, Balzer! Eywer füär't Hius, Suarge füär de Kinner! ik mott nau reyke weeren, nau Gelb beynäin schlohn op bür Welt! düse paar Lappstuiwers, bat sollt mey bai?

Kasper: Joh, freylik! bat sollt se bey? brink der Schnaps füär, dann kummet se bey boch te gubbe.

Dirk: Schnaps, steste? näi, Kerel! Bäier is de Mann, un Hawer is bet Piärt; Schnaps is Gift, un de Duiwel sittet in der Schnapstunne. Heba! Wirth= schaft! en Gliäsken Bäier! —

Melcher: Sier bilkem Jubeljohr brinkest biu dann kainen Schnaps mehr? un beyne weysen Lehren sind doch gewiß nau kaine brai Dage alt.

Dirk: Dann awer doch brai Stunden. Ik harr' mik bün Muargen hellest ploget un meyn Vermügen vermehrt — ey wietet jo, bat ik füär 'ne grasse Natur hewwe, un bat ik anpacke, bat mot flaigen un fucken[10]).

Balzer: Joh, bat wiete've wual, biu hiäst ümmer sachte gohn looten; un batte hläst, met Laupen hiäst et nit kriegen.

Dirk: Dann kennste mik schlecht. Kurzum: ik harr' mik bün Muargen ploget, un bo genk ik, ase Kasper siet, bo use Hiärrguatt ben Aarmen iutstrecket, un gonnte mey ennen.

Kasper: Äinen? ober biu viel?

Dirk: No, op brai mehr ober wenniger kümmer't nit an. Un bo wort' ik boch sau bebuselt imme Koppe, un meyne Bäine wören nau buseliger ase meyn Kopp

un Alles foh if burowelt, un be Welt laip runb rümme
met men. Un af' if häime genf, bo waß et grabe, afe
wann be Stäine op ber Stroote nit mehr fafte wören,
ürwer jeben heww' if mif fchüppet, un twäimol laggt'
if lengelanges imme Wiäge; failjt, be Hanb heww' if
mif verftinfet. If fam häime un fatte mif ben'n Dißf,
un, bat men nau menn Liäwen nit paffäiert is, if pecf
met ter Gowel in be Soppe, un met bem Liepel in be
broigen Tuffeln, un Alles genf men fau twiäß runner,
afe wann if 'ne Sparrwagen[11]) imme Halfe fitten härr'.
Un bat mif am Mäiften ärgert hiät: menn Dochter
ftallte fif an grabe afe menne fäll'ge Frugge, wann fe
ben Brumm habbe, un faggte, if föll mif wat fchiämmen,
bat if ben hellem Dage befuappen häime feme. Sau'n
aißt Miäcfen! fauwat mott me fif feggen looten van
fennen äigenen Blagen! jä, me tütt Kinner op! Denfet
ug: if befuappen?! un waß boch fau nüchtern, afe
gißunbers auf; en wietet jo wual, if fin en Mufter
imme Duarpe, un goh fainmol ürwer menne Moote rümwer.

Melcher: Joh, bat is wohr — mehr af'en Ommer
vull fain inzigmol.

Dirf: Schweng ftille, alle Tiännewenfer! nau fainen
Kannenfrauß vull. Af' if brai Tuffeln büär ben Hals
runner ftott habbe, laggt' if mif op be Banf hinner ben
Uawen, un mainte nit anbers, afe if härr' en hißig
Faiwer, un bachte all an menn Täftemänte.

Balzer: Jömmer, Dirf! hiäfte uß bann auf bebacht?
if wöll mif fau geren mol renfe iärwen.

Dirf: Diu faft of nau fainen rauen Boß hewwen!

an bey wör't [schlecht bewandt; joh wann biu sau'ne
nöchternen Mensken wörst, ase i k! Och büse! (auf sich
selbst zeigend) büse! dat is 'ne Kerel! Schade, datte unner
be Eere mott, wanne mol stirwet! Awer, bat ik seggen
woll — bo was ik doch ane? recht! ik schlaip inn, un
bo ik wach worte — jöses biu Welt, bat harr' ik Kopp-
wäih!! ik mainte sau, be Hoore wören mey iutem Koppe
sprungen un ik kriege Hörner af' en Duarposse. Jk
dachte henn' un hiär, biu ik sau 'ne Spauk innen Kopp
kriegen häbbe; biu hiäst doch nix giätten, dacht' ik, bat
Gift is, un kainen Hoggekloß runnerschluacken, bai bey
twiäß[12]) imme Magen liet? un hiäst doch kain Water
drunken? — ey wietet, bat gitt Leyfwäih, biärümme
hält sik en geschaibt Menske an wat anbers — näi, ik
komm mey nix bebenken. An't leßte fell mey inn, bat
ik ümme tain Uhr bat äine Schnäppsken drunken harr'.
„Halt!" dacht' ik, „Schnaps is Gift!" saggte be säll'ge
Dokter Schweyneblose, ase iämme be Flamm iutem Halse
schlaug; „un be Duiwel sittet in der Schnappstunne;"
niu, Dirk! brinkeste kaine Drüppel mehr van biäm
aißken Tuige, un wann biu nau hundert Johr be Eere
trampest! Bäier is be Mann — jä, bat ik segge, hiät
Grund — hedo, Wirthschaft! nau'n Gliäßken Bäier!

Kasper: No, bat is gutt, batt be bik enblik vamme
Schnapse het! Awer bat stäiste bo mibben in der Stuawe,
un hällest beynen Reym, ase wann be beym Hius-
buähren[13]) be Priäcke hellest? Sett bik! suih, Balzer
hiät be Karten all mißket; vey wellt 'ne Schoopkopp
maken — Melcher un biu sind beynäin! ik giewe an.

Dirk: Jös näi! meyne Kaulfiege! if fin eylig! — No, wann't partiu feyn matt! dann gief fire! awer ments äinen Baum! tain Miniuten! dat Kartenfpiel well ick boch auf nau afluawen — moren, ober ūwermoren — būn Dag nau nit — dat well ūwerlaggt feyn.

Melcher: Rechtfau! awer niem de Karten un fegg beyne Trūmfe an; if hewwe vāier klaine.

Balzer: feywe!

Dirk: fäffe! Schüppen is Trumf! Melcher, fpiel' us mol op! ben Allen[14]), un den Bloen[15]) riut! recht=fau! be Andern heww' if felwer! Kasper is fau jann[16]), afe 'ne Müske! wift' us drai! Schüppen is Kalöhr[17])! Balzer, gief! un if well ug derweylen en Stücksfen ver= tellen, bat mey giftern paffäiert is. Do heww' if 'ne gubben Dag hat! twäi Berleyner verdaint! jä, if fegge ug: if fchloh nau Gelb beynäin! un bat if fegge, hiät Grund. If mochte fūär ennen Kaupmann ben Packen no Niestfelle briägen; un vey gengen no'm Kramer. If woll mik ächten in't Stüäweken fetten — awer näi! if mochte garans un gariut met in be Heerenftuawe. Do is et awer fchoine inne! acfroot af' in der Kiärken! Biller, linter van der Jagb! un 'ne Staul hinner'm Diske, do konnt wual vāier Mann inne fitten! met güll'nen Niägeln! Niu hett' et: te Diske! un if falte mik, un bo läggten fe emme fau'n graut, witt Plett[18]) fau twiäß, midben üwer't Leyf - - hey fau hiär — af' if mey bachte, bat me nit fchlawwern[19]) föll — un bo —

Kasper: Jä un bo — niemefte beyne Karten in be Hand un fieft beyne Trümpfe an; Balzer hiät fäffe faggt.

Dirk: Au bat! hundert un 'ne Bütte vull! Kalöhr
iß Trumf! Balzer, spiel opp! — Saißt, do kriegen
ve äist 'ne fette Soppe, dai waß sau giäll ase Saffron;
un dann — Bat? diu füädderst Trumf? dat saste wual
läib weeren! — diusend schaiwe Nauth! diu bleywest
branne? — richtig, Melcher, twäi Luie kritt nix, un dat
sin ik un diu — na, wisket ug achte!

Melcher: Suiste, alle Foilebüchse? dat kümmet
dervan! diu söst deyn Schwameln looten un op de
Karten passen! bai mäket dann Kalöhr, wanne kaine
Dame hiät?

Dirk: Bat? de twäi rauen Buren, un väier lebän=
dige Schüppen in der Hand? dai soll ik verpassen? do
mak' ik jedesmol Kalöhr op —

Melcher: Un kannst ok jedesmol verlaisen, wann
deyn Mann kaine hauge Wänzels[20] hiät. No gif, un
spiel met Andacht!

Dirk: Sau? ik mott giewen? dann kummet doch
de Karten mol wier in ehrlike Hänne! Balzer harr'
siutelt[21] un sik alle Trümfe beynain stiäcken — datt
segg' ik, un dat ik segge, hiät Grund — väier Damen
un de baiden besten Buren in äiner Hand, dat iß süs
nit menskenmüglik — Balzer, niem mey dat nit üwel:
et iß nit met richtigen Dingen taugohn!

Balzer: Niu hör mol an, düse Menske! batte fräit
iß! hai kollert jo grade as' en Schriuthahne! Häbben vey
'ne domols wierfriggen looten, bo ve seyne Annketreyne
innen Kiärkhuaf briägen habben! härr' ve 'ne wierfriggen
looten! dann söll iäme dat Fräie wuall vergohn seyn.

Ober seßg: hiäste gistern beym Kramer nix hat ase Mo=stert un Mierräik²²), datte dün Dag sau fräit bist?

Dirk: Dat gloiw' awer ments nit! Saiht, vey habben Soppe, un bo Rindfläisk met sau 'ner steywen Brögge drüwer, un dann —

Kasper: Au, schweyg stille, alle Droolepäiter! vey sind all lengest saat van beynen Trachtemänten — gif Karte, un denk an't Spiel. — No dann! väier van der Nigen!

Melcher: Vaiere mett! vamme Künig!

Balzer: Feywe!

Dirk: It passe.

Kasper: Sau! bo hevve doch biän Schrigger ter Rugge bracht. Balzer! bin hiäst feywe? dann mak' it Kalöhr! Trumf oppen Diäk! — Niu biu, Balzer, Trumf! — un Trumf! — Farwe! — recht sau! biän kann ik! — Freykarte! — un Hiärtenaß! Dirk, bat siefte dann niu? Baum wiäg! betaal mey 'n Kaß=männeken!

Dirk: Keerels! ey seyd jo nau schliemer ase meyne Braiers! — Jä, meyne Braiers! och, bat mey dai all schatt het! wann it bran denke, weert et mey flau — it wör lengest 'ne reyken Keerel un könn bey'm Kramer ümmer in be Heerenstuawe gohn! awer meyne Braiers, meyne Braiers! och Guatt, ik braff der nit an benken! dai het mey schatt wennigstens — joh, wennigstens — — — fufzig Daler!!! — Mariechen! tapp mey nau'n Gliäßken Bäier, darr ik et vergiätte! — No Kasper, gif Karte! Melcher, schreyf us 'ne niggen Baum an!

büttmol follt fe kain Stiftken hewwen! vey wellt iänne
'ne Bock maken, 'ne Bock met Hörens! — Och, meyne
Braiers!! — Awer meyn Dochter is gutt! bai bai
naumol tritt! en Engel op Eeren! kuacken, afe wann't
le Meskebe in Biärgmefters lohrt häbbe! un en Ge=
maithe afe Hunig! ackroot afe meyne fäll'ge Frugge!
(gerührt:) — Ach! dat was en Menfke! fau ente weert
of op Eeren nit wier junk! ach, bat harr mik bai laif!
näi, ey konner't of fau gar nit gloiwen — — (in demfel=
felben weinerlichen Tone) — it paffe! fpiel ments opp! —
Ach, meyne Frugge! Thrönen heww' it grienen, afe
wann be Dak strullet bey Döggewiähr! innen Kannen=
krauß gott fe nit inn! un wann it ber nau an benke,
bann weert et mey fau jömersk, un it wöll wual fau
oppen Disk bucken un greynen Lüäcker in't Holt! —
(auffahrend —) Bat? ey wiffet brai?!

Melcher: Jä, fuih, bat biu füär 'ne Mufikanten
bift! hiäft bo ben Bloen twäimol befatt, un hiäft kainen
Stiek macht! biu föft beyn Foilen looten, biu alle
Schlauten=täiwes!

Dirk: No, no! it well't nit mehr bauhn, un well
neype oppaffen — gif Karte! — (weinerlich) — awer
meyne Frugge! it kann fe nit vergiätten, un wann it
fau alt weere afe Mathufeläim. Denket ug: Sunbag
heww' it nau grienen af' en Blage — meyn klaine An=
tünneken, en Kind, fau witt afe Milk un fau raut af'
en Äppelken, un fau fchoine af' en Bilb — (fchmunzelnb)
— hai gleyket ganz mey, afe wanne mey iutem Gefichte
fchnien wör — (weinerlich) un bo henk van meyner fäll'gen

Frugge nau'n Klāib imme Schappe, Kattiungebrück, ver=
schuatten giäll, met grainen Streypen brinne — un bo
kümmet meyn Dochter hiär un schnitt et intenanner un
nägget usem Antünneken en Kapüttken 23) berint — if
stohe Sunbag Muargen op, sette mik bey'n Kaffäi, un
op ainmol gäit be Düähr op — un bat saih if? An=
tünneken in seynem gestreypeden Kapüttken, un siet
„gurr'n Muargen, Vatter!" Do waß et mey . awer,
afe wann be Stuawenbühn op mik fallen wör, un
meyne Frugge sell mey in meynen Gebanken inn, un
if mainte sau, if söh sai bo rümme gohn in iärem ver=
schuattenen Kläte — (auffahrend) jömmer Kinners! ey
wisket bäiere? waß bann Kalöhr Trumf?

Melcher: Jä, alle Kaffebüppen! söst Acht giewen!
brümme stiekeste nit, wann biu alle Hlnne vull Trümfe
hiäst? if bau' et balle nit mehr, wann biu beyn Nölen 24)
nit läst! sai maket uß 'ne Bock, ehr v'et uß versaiht!

Dirk: Sey stille, Melcher! bat sollt se boch nit
ferrig brengen! befuär iß Dirk nau bo! Op be Hinner=
bäine well if mik setten. Jü! Balzer, gif! un gif mey
mol tain Trümfe in säß Karten! — Mariechen! nau'n
Gliäßken Bäler! — Sau, Kinb! bat iß wat Echteß! bo
iß jo fingerbicke Schium oppe! biu saft ok 'ne gurren
Mann hewwen! Wann biu mol friggen west, bann
siest' et mey! if verschreywe bey ennen met der Post. —
Trumf! näi, stille! if mott bebainen — benket ug boch
mol an, Keerelß! meyn Dochter kräig nailik be Flieren 25)
innen Kopp un woll friggen! jeber Vugel oppem Tiune
härr' seyn äigen Nest, sacht' et, un iät keme in be Johre

un möchte fik füär en äigen Bleyf²⁶) fuargen — et wüſte wual Ennen, un dat wör 'ne ganz ſcharmanten Burßen met kriuſen Horen un ſtracken Bäinen; hai könn ok en Wennig de Flaute bloſen un ſpielte mangeſt met den Friggeber Muſikanten den Faſtowend — dat lutte Alles ganz gutt — Awer, bat Diuſend! ey wiſket ug wier drai? bat begreyp' ik nit! un hett ments nau twäi amme Baume? un vey hett nau kainen wiſket? dann is Kalöhr Trumf, ehr' ik de Karte oppniämme!

Melcher: Niu wachte doch äiſtmol! ſegg' doch äiſtmol wat an! wannve iäwen annen Baum kummet!

Dirk: Eh bat! Kalöhr is Trumf! reyten oder briäten! — Alſau: meyn Dochter kürte van Friggen, un feuk ſau met halwen Woorden an te kroßeln un te ſtubäiern, ik ſöll mat iämme no'm Gerichte gohn un Üwerdrag maken, ik ſöll't meyn Liäwedage ganz gutt hewwen, freyen Tuback un jeden Muargen meynen Schnaps — bo kümmeſte mey awer recht! ſaggt' ik — bofiär ſuihſt diu deynen Baaren an? (hitzig) bat? ik ſall mik iuttaihn, ehr' ik te Bedde goh? ik ſall mik innen Suargeſtaul ſetten un tellen be Flaigen? nümmermehr!! Och Guatt! bat mott me ſik ärgern üwer de Blagen! Glücklich bai Menſke, bai kaine Kinner hiät! No, me mott ſe niämmen, wann ſe kummet; et ſind Gawen Guabbes, me braff ſe nit anmuilen — awer bat Miäcken! ik kreyge der greyſe Hoore van — ik, un't Wiärk²⁷) üwerbriägen? nümmermehr! ſau lange, af' ik nau 'ne Klogge wiegen kann! iät kann jo gohn met ſeyme Frigger! hai be Flaute, un iät de Klanette! un dann konnt ſe Muſeyk

maken op allen Kattenkiärmissen; awer ik danze nit no
iärer Peype — ik mey de Tubackskrümeln in de Blose
tellen loten? ik 'ne Fuärmünder bey'm Schnapse hew=
wen? näi, ik haite Dirk, un bat ik segge, hiät Grund
— Mariechen! brenk mey 'n Schnäpsken! ik well doch
diäm nixnutzigen Miäcken weysen, dat ik Heer sin un
selwer meynen Schnaps füäbbere!

Kasper: Dat was awer 'ne netten Vorsatz! diu
bist 'ne scharmanten Meeßigkaitsbrauer! et is jo Gift
imme Schnapse, säggteste iärwen.

Dirk: Kasper, dat kennst diu nit! altens[28]) Gift, un
altens Medezeyn — sau siätt de Docters auk — Mede=
zeyn, wamme sik ärgert hiät ürwer de Blagen, un wamme
dat kalle Bäier im Magen hiät — Mariechen, gif mey
nau Ennen.

Melcher: Joh, ik giewe bey ennen — awer hinner
de Ohren, un nit in't Glas! Suih, diu alle Thäikitel!
de Bock[29]) is ferrig! niu lot bik iutlachen! Joh, Balzer!
mol'ne ments recht graut oppen Disk, met Hörens as'
en Aarme lank; awer füär Dirk alläine! ik sin der kain
Schuld anne! dai söll oppassen, datte annen Baum keme
un Strieke wisken könn! schwamelt bo, un foilt, un
brohlt, un is doch kain geschaidt Woort in Allem, batte
segget! Niu kannste den Buil taihn un betalen, un de
Schande kannste in de Taske stiäcken; den Spott hiäste
ünmetsüß!

Dirk: Nu joh, joh! sey stille! ik well de Schuld
hewwen! Awer bat helpet mey dat ganze Kartenspiel,
wamme der kainen vernünftigen Discurs bey hiät? sall

me dann sitten sau stur un steyf ase de Kiärkenthauern un seggen kain Woort? Bat mainst biu bertau, Vedder Balzer?

Balzer: Näi, ik hallet met bey, un herwwe bey met Anbacht tauhoort; un wuübert herww' ik mik ments, dat biu van äinem Schnaps bün Muargen sau krank woren bist, un dat beyn Dochter in der Geschwindigkait, ase vey twäi Boime spielt het, äimol gutt un fruamm, un twäimol aisk un üwel wiäst is.

Dirk: Niu suih mol an, diu Naseweys! diu kannst gewiß de Floihe hausten hören un bem Mann im Monde seyne Leybören tellen; biu west mik wual in der Rede fangen? Dotau biste awer nau nit kumpabel! bo biste nau viel te junk! Meyn Dochter is gutt, un bo bley= wer't bey — ik haite Dirk, un bat ik segge, hiät Grund — iät suarget mey alle Sundag füär'n frist Himed, schmiärt mey be Schauh, un kann knacken ase Pastauers Kü= kinne, — 'ne greyse Graite³⁰), bo könn de Kurfürst van iätten! — Jä! äinen Spaß mott ik uch boch nau vertellen! Ik un meyn Dochter gengen büse Dage no'm Biggesken Markede; ik bachte: biu most biäm gubben Kinne boch auk mol en Plasäier maken, un sast iäme 'ne echten Zaloppenbank kaupen, un wann't bey 'n Daler kostet! Un ase vey bey'm Dalhamer hiärkemen, bo stont bo — — awer biusent krumme Rauth! bölket bo be Kögge all op der Strooten? schloh boch en lahm Isel brinn! be Häiere is bo, un meyne Kauhkiege is nau nit ferrig! Gurr' Nacht, gurr' Nacht! eylig, eylig!

Enwer füär't Hius! Vermügen vermehren! Geld bey=
näin schlohn! gurr' Nacht, gurr' Nacht! (ab.)

Kasper: Dai Menske kann brohlen! hai is un
blenwet de Schwamelbirk, un sall met innen Ge=
mainberoth. — Niu gurr' Nacht tehaupe!

Melcher: Bat mainste, Balzer? söllen use Amme=
graitens den Saloot niu wual ferrig hewwen?

Balzer: Jo, if gloiw'et; et sall wual Text seyn;
süs weert us be Pannekauke sau toh[31]) ase Liähr.

Alle: Kummet, kummet! gurr' Nacht, gurr' Nacht! —

Schluß.

Niu lotet us singen dat schoine Laid, dat de Blagen
singet, wann se Elwerten[1]) saiket:

Meyn Pott[2]) is vull, meyn Pott is vull,
Hai stäit op leyker Eeren —
Hai is sau vull, hai is sau vull,
Hai kann nit vüller weren.
Niu goh' vey, goh' vey häime,
Un well et Guatt der Heer,
Dann saik' if oppen andermol
Der Elwerten nau mehr.

Anmerkungen.

Erster Theil.

Luafgesank oppet Strunzerbal.

1) Der (in der Volkssprache die) freie Grund Af=
singhausen, ehemals mit besondern Freiheiten belehnt.
2) Uhu. 3) Kühlborn, ein Quell auf dem Olsberge.
4) Damm oder Wehr zum Bewässern der Wiesen. 5)
Forelle. 6) Zwitschern.

Schelmenlaib ꝛc.

1) prunken und aufschneiden. 2) Blattern. 3) fades
Zeug schwätzen. 4) Briloner. 5) Regen. 6) die
Olsberger. 7) die Affinghauser. 8) verbrennen.
9) die Wiemeringhauser. 10) Niedersfeld. 11)
draußen. 12) die Medebacher; „Wisker“, ihr Stichel=
name.

Obam.

1) Schoppen. 2) Schößling (von 14—16 Jahren).
3) zuweilen. 4) komischer Ausdruck für „fort“. 5) die
Gegend von Bödefeld, Fredeburg, Schmallenberg ꝛc. wird
„Auland“ genannt, weil dort a u gesagt wird für i h r
und e u ch.

Dbam Nro. 2.

1) Spatz. 2) Eva.

De Heer un sehn Knecht.

1) Conrad (Kurt). 2) Conrädchen. 3) Bettkasten.
4) Rausch. 5) Fußboden.

Schausternuppen.

1) achtsam, genau.

En Stüksken van Hammichel.

1) Gasse. 2) antworten. 3) Hartmond, Januar.
4) Anselm. 5) Pathe.

Dat Briuteramen.

1) Der sonst übliche Katechismus. 2) Rauchbühne
über dem Herde. 3) Irdenwaare. 4) die 6 wichtigsten
Glaubenspunkte. 5) Butterbrod. 6) entgegen. 7) Tü-
cher. 8) Raserei. 9) Erfolg. 10) Lection. 11) Drei=
zehn Stüber = 5 Sgr.

Dat froihliche Froihjohr.

1) Bach. 2) Senkung, Niederung, Thal.

De fruamme Mann.

1) Das Wort „friggen" (freien) bedeutet im Sauer=
lande abwechselnd liebeln und heirathen.

Kasper no der Hochteyt.

1) kratzen. 2) Strumpf. 3) einen steifen (guten)

Kaffee. 4) Kaffeesatz. 5) Semmel. 6) der Stationen=
berg bei Freiheit Böbefeld; (dieser Flecken wird immer
kurzweg „be Frigget" genannt.)

Klanetten=Jürgen.

1) Neue Rath. 2) Rath. 3) Töpfe. 4) Genie.
5) Maria Sibylla. 6) knurren.

Schulten=Hochteyt.

1) Böller. 2) Tuch. 3) Wetterpforte, der nord=
westliche Himmel. 4) Rauchbalken. 5) die Wullme=
ringhauser. 6) Speckwürfel.

Gehenneschen.

1) Dies Stück ahmt das verkehrte Hochdeutschsprechen
berer nach, bie es nicht können. 2) hiuken, knieen
(hocken). 3) Kissenüberzug. 4) Schwarzbeeren (Walbb.).
5) unrechte „Struatte" bie Luftröhre.

De raue Rock.

1) Anna Ottilia. 2) leckermäulig. 3) Braunsweig.
4) „in't Land gohn", b. i. in bie Frembe gehn, um
ben Hausirhandel zu treiben. 5) pfui! 6) Möbber
(abgeleitet von Mutter) ist das bem männlichen Wort
Vetter (von Vater abgel.) entsprechende weibliche, =
Cousine. 7) Rinde. 8) quer. 9) Spaß, Vergnügen.
10) das Tragen des Heiligthums, = Feldprocession.
11) reinweg, völlig. 12) Rassel. 13) fest. 14) je=
nes, b. h. künftiges (Jahr). 15) Ironie. 16) mußte.

17) nämlich: einen Schnaps. 18) Kuhweide = Mark, Bereich. 19) Ziege. 20) neugierig, auch laumenhaft. 21) leuchen. 22) sofort. 23) ironisch.

Paulus Kaukenbaif.

1) Anna Eva. 2) Katharina Elisabeth. 3) Joh. Dietrich. 4) Steyge, Stiege = 20 Stück. 5) grausig. 6) zuweilen. 7) ohnmächtig. 8) Sibbinghausen, ein Dorf im Paberbörn'schen (leider auch zim Sauerlande abergläubischen Leuten wohlbekannt).

Paulus Nro. 2.

1) Untugend. 2) spritzen (mit der Spritzbüchse). 3) Ein Bach in Affinghausen („mecke" oder „ecke", am Ende von manchen Namen, ist verkürzt oder verändert aus „becke" = Bieke, Bach). 4) Spritzbüchse, jedem Buben bekannt. 5) Bretzel. 6) Rangen, Kinder.

„Abjüs! bit oppen andermol!"

1) Himmel (findet sich wieder im engl. heaven). 2) sofort. 3) häufig. 4) heizen, Feuer anlegen. 5) sich fortmachen.

Zweiter Theil.

Ingank.

1) braußen. 2) Ritze. 3) trägt (von briägen).

Gutt, bai en wennig Musetjk verstäit.

1) Sauerkrautsgesicht. 2) Schwindsucht. 3) eigent=
lich: Weberkämme; sprüchwörtlich für: aufgebracht, ärger=
lich werden. 4) gähnen. 5) ohnmächtig. 6) flächsen,
d. h. weich, sanft.

Gehannes Strootenplooster.

1) Rumbeck, Dorf, eine Stunde von Arnsberg ent=
fernt.

Kauwes un setjn Isel.

1) Anstatt. 2) ein hoher, schön bewaldeter Berg
bei Brilon. 3) Kröte (Hucke ist dasselbe). 4) das alte
Herzogthum Westfalen (Sauerland), bis 1803 churköl=
nisch. 5) wer sich treiben läßt; widerspänstig. 6) trocken
(von: eitel). 7) Schlagen. 8) von: biässen (breschen).
9) dem Weinen nahe. 10) rollen.

Sau be Name u. s. w.

1) Thee von „Balsam“, Krauseminze.

Schnapphännes.

1) kleine Fensterscheibe (Raute). 2) ein feineres
Roggengebäck. 3) kauen. 4) lugen, verstohlen hinein=
sehen. 5) stochern, Holz nachlegen. 6) Rathhaus.

Niägerbehler Landbag.

1) das Thal der Neger, des ersten Nebenflusses
der Ruhr, mit den Dörfern Wullmeringhausen, Bruns=
cappel, Sieblinghausen, Silbach. — Die Veranlassung

zu dem Gedichte war, daß einige, dem Verfaſſer befreun=
dete Einwohner dieſes Thales ihm nach dem Erſcheinen
der „Sprickeln un Spöne" den Vorwurf machten, er
habe darin nur das Strunzerthal (obere Ruhrthal) im
Auge gehabt und das nahe Negerthal unberückſichtigt ge=
laſſen. 2) blauer Zwirn, Fuſel. 3) Schmach. 4) Muth=
wille, Laune. 5) ehemals (auch: velieren geſprochen).
6) Böller (welche die Aſſinghäuſer zu ihrer Proceſſion
von der Brunscappeler Kirche leihen). 7) Ferſe. 8)
großes Weſen und Spectakel. 9) außerhalb des ge=
weiheten Raumes (Ringes) auf dem Kirchhofe, der Platz,
wo z. B. die Selbſtmörder begraben werden. 10) Strumpf.
11) Pfuhl, Kloake. 12) Sanct Nicolaus, Kapellenpa=
tron zu Wullmeringhauſen; als Sinnbild ſeiner Freige=
bigkeit trägt er einen Thaler in der Hand. 13) Name
eines Hauſes daſelbſt. 14) die Kirmeß dieſes Dorfes
fällt in den Anfang des Octobers, in die Zeit, wo die
Fliegen krepiren; man ſagt, um ſie zu foppen, ſie hackten
ſolche Fliegen in ihre Kirmeßwürſte, und darum bringen
die auswärtigen Kirmeßgäſte ihnen wohl eine Portion
Fliegen mit. 15) Sanct Servatius, Kirchenpatron zu
Brunscappel (Tag: 13. Mai). „Ruſſe", Beiname eines
Schenkwirths daſelbſt. 16) Ginſter. 17) ſich auf etwas
vertröſten oder freuen. 18) die Silbacher Hauſirhändler
durchzogen noch vor etwa 20 Jahren halb Europa (mei=
ſtens ohne Gewerbeſchein). 19) eine ihnen aufgefangene
Redensart. 20) Schlauheit, Kniffe.

Antwort.

1) Verdrehung aus „Deputirte". 2) ein Wald bei Brunscappel. 3) seufzen, klagen.

Fierbagespriäcke.

1) sich. 2) Schatten („Schemen" ist wohl das= selbe Wort). 3) großes Umschlagtuch. 4) Deutz bei Cöln. 5) Pfuhl= (trämper)= treter, Bezeichnung für einen plumpen Menschen.

Klaiwen u. s. w.

1) Butterwelle. 2) Zorn, Gift.

Verhaiten u. s. w.

1) „hauwen", ein schon selten werdendes Wort = brauchen. (Davon im Hochd. „Behuf".)

Schoine gebruappen.

1) Maria Franziska.

Van der allen Welt.

1) Bretter. 2) von „Schmant", Sahne, abgeleitet = die Milch hinsetzen zur Sahnebildung. 3) Serviette.

Mannshand u. s. w.

1) zum Tode reif. 2) Krüge. 3) spotten. 4) Schlaukopf. 5) Seitengefach.

De Himel u. s. w.

1) Hufe Landes.

Hännes un Fribbrich.

1) Dietrich = Haarbeutel. 2) hinfällig (aus der Judensprache). 3) Thran, d. i. Besoffenheit. 4) zerren, foppen. 5) eine Lieblingsredensart dieses Mannes. 6) krüpplig, klein. 7) Rathhaus. 8) „sik raien", sich wegmachen. 9) frech, keck. 10) mager, als Schimpfwort.

Discurs u. s. w.

1) Aufgethürmte Haiberasen. 2) Orgel. 3) Blasbälge. .

Baar un Suhn.

1) Bienenkorb. 2) bereiten, gerben. 3) munter, eilig. 4) sich wegmachen.

Schwamelbirk.

1) Dreikartspiel. 2) La bête. 3) fort. 4) schwameln, foilen, droolen u. dgl. ist soviel als: abgeschmacktes, nichtssagendes Zeug schwätzen; Dirk = Dietrich oder Theodor. 5) Ein Kartenspiel zu Vieren, wobei die Damen, und demnächst die Buben immer Trumpf sind (in der Ordnung Kreuz, Schüppen, Herz, Eckstein); außerdem diejenige Farbe, welche zu Trumpf gemacht wird. Es wird dabei ein Baum (Harke) von 12 Strichen angeschrieben. Diejenige Farbe, welche zum ersten Male Trumpf wird, heißt Couleur, und wenn sie in der Folge wieder zu Trumpf gemacht wird, so

werden doppelt so viele Striche gewischt, als bei einer andern Farbe. 6) lachen. 7) biesen = rennen, (besonders vom Rindvieh gesagt). 8) Hirt. 9) Bißchen. 10) gelingen. 11) ein Kinderwagen von Haselruthen. 12) quer. 13) Hausheben. 14) Kreuzdame. 15) Schüppenbame. 16) wer unter 30 bleibt; das Spiel ist mit 61 Augen gewonnen. 17) beste Farbe. 18) Tuch. 19) Speisen verschütten. 20) Damen und Buben (die immer Trumpf sind). 21) im Kartenmischen u. dgl. betrügen. 22) Meerrettig. . 23) Jacke. 24) = schwameln. 25) Laune. 26) ein „Bleib", bleibende Heimath. . 27) Werk = Vermögen. 28) zuweilen. 29) wenn die Eine Partei alle 12 Striche gewischt hat, ohne daß die andere einen einzigen Strich wischte, so wird letzterer zur Chikane ein Schafkopf mit Kreide auf den Tisch gemalt. 30) „graue Grete", Buttermilchsuppe. 31) zäh.

Schluß.
1) Erdbeeren. 2) Topf.